掌尚文化

SALUTE & DISCOVERY
致敬与发现

山东电信业

基站效率时空演化特征和配置规模研究

◉ 乔美华 著

经济管理出版社

ECONOMY & MANAGEMENT PUBLISHING HOUSE

图书在版编目（CIP）数据

山东电信业基站效率时空演化特征和配置规模研究/乔美华著 . —北京：经济管理出版社，2020.6

ISBN 978-7-5096-7202-0

Ⅰ.①山… Ⅱ.①乔… Ⅲ.①电信—邮电经济—研究—山东 Ⅳ.①F632.752

中国版本图书馆 CIP 数据核字（2020）第 099017 号

组稿编辑：张 昕
责任编辑：张 昕 詹 静
责任印制：黄章平
责任校对：董杉珊

出版发行：经济管理出版社
　　　　　（北京市海淀区北蜂窝 8 号中雅大厦 A 座 11 层　100038）
网　　址：www. E-mp. com. cn
电　　话：（010）51915602
印　　刷：唐山昊达印刷有限公司
经　　销：新华书店
开　　本：720mm×1000mm/16
印　　张：16
字　　数：239 千字
版　　次：2020 年 10 月第 1 版　　2020 年 10 月第 1 次印刷
书　　号：ISBN 978-7-5096-7202-0
定　　价：88.00 元

　　2015 年第三季度年报数据显示，中国移动当年前三季度营业收入为 5127 亿元，比上年同期增长 6.5%；净利润为 854 亿元，同比增长 3.4%；移动用户总数达 8.23 亿，其中 4G 用户总数 2.48 亿，当年前三季度 4G 净增客户数超过 1.57 亿。中国电信 2015 年前三季度营收为 2463.17 亿元，比上年同期增长 1.1%；净利润为 163.61 亿元，同比增长 1.2%；移动用户数达到 1.94 亿，累计净增 872 万户，其中 3G/4G 移动用户数达到 1.37 亿，累计净增 1818 万户。中国联通 2015 年前三季度营业收入 2119.13 亿元，与上年同期相比下滑 3.34%；净利润为 26.9 亿元，同比下滑 23.13%；移动用户累计 2.88 亿户，流失用户 28.7 万户。由此可见，中国移动的营业收入、利润、移动用户数这几个指标远远领先其他两大运营商；中国联通的移动用户数和利润都出现了负增长，市场发展新增乏力；中国电信的移动用户数和利润稍有增加。由 2015 年前三季度发展数据可以看出，当年移动业务市场竞争不平衡加剧，弱者更弱，强者更强。近年来，中国联通大规模建设 3G 网络，固定资产投入庞大，整体资源配置效率不高，资源配置不均衡，与其他两家电信运营商相比，中国联通陷入了高投入低利润的困境。如何通过提高资源效率减少投资、增加企业利润是中国联通摆脱这种困境的关键问题。

　　三家运营商收入贡献值最大的都是移动业务，投入最大的也是移动通信网络，移动通信投资的 70% 用于建设无线网络基站。由此可见，移动网络投资收益情况直接决定了电信运营商投资利润实现情况，也决定着整体电信业固定资产投资的运营，决定着电信运营商的运营发展。

本书主要对无线网络基站资源配置机理进行研究，探讨如何提高企业资源利用率，实现电信企业利润提升，实现资源配置的有效性和均衡性，从而为我国社会经济可持续健康发展提供重要保障。本书的研究主要从以下三方面展开：

一是无线网络基站资源配置效率研究。构建无线网络基站资源配置效率指标评价体系，以山东为例，对省级无线网络基站资源在时间和空间上的资源配置均衡性进行研究，以优化无线网络基站资源配置，充分发挥无线网络基站资源的经济效益和社会效益，为管理者对分公司的运营管理提供数据支撑。

二是基站资源配置影响因素分析。区域基站资源的配置规模数量受到区域经济、文化和地形地貌等多方面因素的影响，本书主要分析无线网络基站资源配置主要影响因素是哪些，系统探讨无线网络基站资源配置影响因素的影响程度及其相互关系，为资源管理部合理进行基站资源配置提供参考。

三是基站资源配置效率提升策略研究。无线网络基站资源配置规划和效率提升是一个复杂的系统工程，本书以基站资源配置效率特征和基站资源配置影响因素为基础，从管理层面、技术层面和政策层面提出基站资源配置效率提升的策略和建议。

当然，受笔者水平所限，书中错漏和不当之处在所难免，恳请广大同行和读者不吝赐教并提出宝贵意见。

乔美华

2019 年 9 月

目 录
CONTENTS

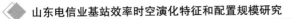

绪　论

第一节　选题背景与研究意义

一、选题背景

随着人类经济发展和社会文明程度的不断推进，人们对通信服务质量也提出了更高的要求，为了实现通信两方无须受地点的约束限制，实现个人通信，移动通信在 20 世纪 80 年代中期出现雏形。近几十年来，移动通信技术依次经历了模拟移动通信、数字移动通信、第三代移动通信系统以及后 3G（3G，The 3rd Generation）阶段。全球移动通信系统几十年来依次经历了 2G、3G 以及目前 4G 和将来 5G 的发展演进。随着 4G 在全球大规模商用，大大推动了移动多媒体业务以及移动互联网业务的爆发式发展。2013 年 12 月 4 日，工业和信息化部向三家电信运营商正式发放了第四代移动通信业务牌照（即 4G 牌照），这意味着我国电信产业正式进入了 4G 通信时代。截至 2014 年底，三家运营商中仅中国移动一家就建成 LTE 基站 70 万个，整体投资超过 2400 亿元。2014 年初，中国联通开启了 4G 招标，2015 年 4G 的投资达 100 多亿元（王碧纯，2014）。

随着移动用户的剧增和通信网络发展进程的急剧加速，网络建设和技术革新进步速度也呈几何级攀升（肖清华，2013）。电信运营商巨额的固定资产投资不断增速，仅 2012 年固定资产投资就高达 3613.79 亿元，2009 年是电信重组的一年，固定资产投资最高达到 3700 多亿元，移动通信投资占比最大，高达 40% 左右，甚至在 2009 年占固定资产投资总额的 48%，如此巨额的移动通信投资中占比最大的又是无线基站的投资，占到总体移动投资的 70%，另外网络基站的建设和维护也需要大量的人力资源和维护费用的投入（张新生，2012）。

我国每年数以千亿的无线网络基站资源巨额投入，网络基站资源的配置效率如何评价、如何合理配置区域基站规模等一系列的问题有待深入研究，资源管理部门如何合理地分配无线基站网络建设成本和维护成本到各个运营分公司，各个运营分公司又如何有效地利用无线网络基站资源，提高企业的资源配置效率成为当务之急，无线网络基站资源能否合理配置越来越受到决策层的重视。

本书以山东某电信运营商为例，开展电信业基站资源配置问题研究，着力探讨地市级无线网络基站资源配置的效率演化特征和合理进行县级单位基站配置规模的研究，实现不同地市公司规模、不同区域和不同时间区间的基站合理配置，通过资源优化配置提高无线网络基站资源配置效率，以期提高网络服务水平，减少建设成本和后续维护成本。进一步增强企业的核心竞争力，保障企业可持续健康地发展。

二、研究目的

无线网络基站资源本身就是经济资源，它具有经济资源的特性，有经济价值和使用价值，无线网络基站资源的建设和经营管理受经济规律制约。资源的合理配置是我国经济技术深化改革的一项重要工作，网络基站合理的建设投资是实现我国社会经济可持续健康发展的重要保障（何仲，2013）。本书以山东省某电信运营商基站资源为研究对象，研究无线网络基站资源配置规模的影响因素和效率时空演化特征，期望达到以下三个目的：

（1）建立地市级无线网络基站资源配置效率评价体系，系统揭示基站资源配置效率的时空演化特征，并进一步探析基站效率的影响因素，希望通过无线网络基站资源配置效率的研究，一方面探究有效的基站资源配置效率评价方法，另一方面可以有效地评价各个区域分公司的业绩，引导无线网络基站资源配置实践措施不断完善、合理。

（2）分析研究无线网络基站资源配置规模的影响因素，无线网络基站资源分配要考虑区域分公司的人口、经济和社会等多方面的影响。对影响因素的影响机理进行研究，确定各个影响因素影响的不同程度，为建设和运行维护等资源管理部门进行资源分配提供决策依据。

（3）以配置效率特征和配置规模的影响因素研究结论为基础，提出基站资源配置效率的提升策略和方法建议。

三、研究意义

电信业无线网络基站资源配置和优化是将理论和实践紧密结合的综合技术，同时也是一项系统工程，基站配置包括核心网的配置、无线网络基站资源配置和基础支撑网的承载网配置，其中无线网络基站资源配置作为移动通信网建设和维护的重要组成部分，通过网络基站资源的合理配置，可以提高小区的覆盖与容量，在保障服务质量的情况下，降低基站资源配置规模，一方面可以降低网络的建设成本，另一方面可以减少后续的维护成本，提高企业资源配置效率。所以，电信业基站资源配置效率问题研究和如何合理配置区域基站规模是非常有理论意义和现实意义的选题。

（1）理论意义。

第一，拓展和完善网络基站资源配置效率研究理论。目前对于无线网络基站资源配置的理论研究很少，本书建立了无线网络基站资源配置效率评价体系；参考了其他行业资源配置影响因素并根据无线网络基站资源自身的特点，建立了基站资源配置数量规模影响因素指标评价体系。

第二，丰富了资源配置效率研究方法。本书采用数据包络分析方法进行基站资源配置效率的评价，根据基站效率评价投入产出数据特点，设计采用投影值约束加权 SBM 模型进行无线网络基站资源配置综合效率演化特征分析，在缓解了 SBM 基础模型的投影最远距离缺陷的同时，考虑了决策者的意愿，引入了投入产出指标的权重影响，采用了全局参比 Malmquist 指数模型研究配置生产效率的演化特征。

（2）现实意义。

第一，为优化基站资源配置提供依据。基站资源配置是根据网络建设的总体要求，设计无线网络的建设目标，以及为实现该目标确定基站的数量、位置和配置，通过对无线网络基站资源配置效率时空演化特征的研究，合理地进行时序和空间资源配置，可以在满足网络需求的情况下，减少基站资源投入，节约网络建设投资成本，同时为建设成本和维护成本资源优化提供依据。

第二，为基站配置规模提供决策参考。通过电信业基站资源配置规模的影响因素研究，建立基站资源配置规模影响因素指标体系，并研究各个影响因子对无线网络资源基站配置规模的影响，为资源管理部门合理进行无线网络资源分配提供理论指导。

第三，为电信业公司管理提供支撑。本书立足山东某电信运营商对基站资源在时间和空间上的资源配置均衡性进行研究，通过对基站资源配置效率特征的研究，以期为优化省级基站资源配置，充分发挥无线网络基站资源的经济效益和社会效益，为管理者对各级分公司的管理考核提供数据支撑。

第二节　国内外研究综述

一、基站资源配置效率评价研究

（1）资源配置理论。

资源是指社会经济活动中人力、物力和财力的总和，同时也是社会经济发展的基本物质条件（姚予龙等，2002）。资源配置是现代经济学的一个重要概念，所谓资源就是在一定时期是有限的，具有稀缺性的特点。美国《现代经济词典》将资源配置定义为资源在不同用途与不同使用者之间的分配。萨缪尔森（1999）研究认为资源配置是研究如何利用稀缺的资源生产更有价值的产品，是把资源在不同的使用者之间进行分配，关键点是正确理解如何在社会中配置稀缺资源。在现实社会中，人类的需求和资源相比较，资源都相对不足，这才称为资源的稀缺性。在这种情况下，资源配置就是将有限的、相对稀缺的资源进行合理的配置，实现以较少的资源完成更多的产品生产，从而获得最大的经济效益和社会效益。

正常情况下，资源配置越合理，经济效益和社会效益越高，就会促进经济发展；反之，资源配置越不合理，经济效益和社会效益就相对越低，不合理的资源配置就会阻碍经济发展（王花，2014）。有两种方式可以解释资源配置是否合理，一是使有限的稀缺资源产生最大的社会效益和经济效益，即要在同样的资源使用条件下，通过合理的资源配置来实现最大的产出效益。整个过程中将有限的资源产生最大收益作为最终目标。因此，以有限的资源实现最大化收益的最优规划问题是资源配置的核心。二是为了取得预定的收益而最大限度地减少资源消耗，即在目标收益不变的情况下，通过合理的资源配置使资源消耗最低。整个过程中预定收益不变而最大限度地降低资源消耗为最终目标，这种情况合理资源配置可以视为一个求最小化的最优规划问题。所以，如何合理配置资源以达到资源配置最优适用第一种方式，而为达到预定收益而最大限度减少资源消耗的资源配置问题适用第二种方式。

基站资源是资源的一种，具备资源的稀缺特性，基站资源是电信运营商的核心资源，也是投入最大的投资，网络基站资源的合理分配可以实现基站利用率最优，使得电信运营商资源收益最大化，这是关系到电信运营商服务品牌和投资收益的关键因素（宋亚楠，2013）。由此看来，基站资源的合理配置变得尤为重要，近来越来越多的通信研究学者和企业管理者开始关注这个问题并对其进行研究。

移动通信网络产生以来，先后有许多学者进行了电信业资源配置研究，其中包括协同资源配置理论、共享资源配置理论、均衡资源配置理论、基于效用的网络资源配置研究等。

（2）资源配置效率评价。

效率的内涵随着生产力的发展不断变化发展。早期的效率是指传统意义的劳动生产率，生产力的发展进步主要是劳动力的发展进步，劳动生产率决定了整个生产力的发展。伴随着工业革命的不断深入，劳动力逐步被生产设备所代替，生产者要购买设备来生产就需要花费大量的资金，这时资金也就成为了生产力基本要素，人们对企业效率进行评价时，资金也就作为投入和产出的因素条件。效率的定义也就随之改变，投入是指生产者为了实现组织目的所需要的人财物，效率的定义可以表达为：效率等于生产有效结果和实现生产所需要投入的比值。

Farrell（1957）首先对效率进行度量，他提出，企业效率分为技术效率（Technical Efficiency）和配置效率（Allocative Efficiency）。技术效率是指在固定的投入条件下企业实现最大产出的能力，配置效率是指在固定投入条件下企业投入最优使用的能力（陈佳易，2012）。企业效率又称经济效率（Economic Efficiency）（李再扬等，2010），是技术效率和配置效率的总称。边界分析方法是技术效率的代表方法。关于行业的技术效率，最常见的文献研究方法有两种：随机边界分析（SFA）和数据包络分析（DEA）。数据包络分析（DEA）方法的优点是无须设定投入和产出之间的函数形式，指标权重利用最优化的方法来确定，这样一来评估结果具有较强的客观性，所以，在行业效率分析中数据包络分析法是最常用的，也是最有效的非参数效率评价方法（孙立新，2007）。同时数据包络分析法是评价多投入多产出多个单元间相对有效的一种重要评价方法（马占新，2002）。DEA方法的评价结果能够反映大规模社会实验的结果，在理论探索和实践应用方面得到了国内外学者的重视，使其在许多领域得到了广泛应用和发展。

传统 DEA 模型方法主要指基于规模收益不变的 CCR 模型和基于规模收益可变的 BCC 模型，无效 DMU 的改进方式为所有投入和产出等比例缩减或增加，传统的 DEA 模型存在不能有效区分决策单元的情况，同时存在极端权重现象（孙加森，2014），因此有学者修改并完善了传统的 DEA 模型，提出了一些新的 DEA 模型，基于 Adler 等（2002）和 Lotfi 等（2013）的研究，DEA 效率评价方法主要分为六大类：

1）交叉效率方法。因为传统 DEA 数据包络模型存在极端权重现象，同时无法完成决策单元的完全排序。所以为了解决传统 DEA 数据包络分析模型的缺陷，Sexton 等（1986）提出了交叉效率方法。交叉效率方法是一种评价系统效率的评价方法，是一种互评体系方法，这种方法允许所有决策单元相互评估，将每一个决策单元的相互评价效率值组合成一个最终的评价结果。

2）公共权重方法。此方法指在一定的条件下，对全部的决策单元进行效率评价并进行排序，通过选取一组公共的权重。Liu 和 Peng（2008）、Wang 等（2007）、Jahanshahloo 等（2005）以及 Sun 等（2013）对此方法做了更深入的研究。

3）超效率排序法。传统的 DEA 方法要求所有决策单元的效率值不能超过 1，因而导致决策单元不能实现完全排序的问题。Andersen 和 Petersen（1993）对传统 DEA 方法做了进一步的改进，从约束条件中把被评价单元剔除，这样有效单元的效率就会大于 1，从而可以被进一步进行排序，这种方法被称为超效率方法。一些学者进一步深入地改进和拓展了超效率方法（Thrall，1996；Zhu，1996；Sueyoshi，1999；Hashimoto，1997；Seiford and Zhu，1999；Jahanshahloo et al.，2011；Chen et al.，2013）。

4）效率基准次数排序方法。此方法主要是对有效的决策单元进行评价排序，效率基准次数排序方法的排序原则是有效单元作为其他单元效率基准的次数。被评价为标杆进行基准效率的次数越多，也就意味着其他决策单元对该决策单元的认可度越高，该决策单元的排名也就越好

（Chames et al., 1985；Torgersen, 1996）。

5）DEA 方法和统计方法相结合。传统的 DEA 数据包络分析方法结合线性判别分析、典型相关分析以及比率判别分析等方法对决策单元效率进行评价排序。Friedman 等（1997）、Sinuany 等（1994，1998）等对这一方法进行了探索和研究。

6）基于多属性决策理论的 DEA 方法。为体现决策者的多重目标和决策者的意图，研究人员将多属性决策理论与 DEA 方法相结合，提出多属性 DEA 数据包络分析方法对决策单元进行完全排序（Thompson et al., 1986；Cook et al., 1993；Cook and Kress, 1990；Golany, 1994；Dyson and Thanassoulis, 1988）。

除了这六类方法外，还存在其他一些方法，如基于松弛变量的方法（Mehrabian et al., 1999）与前沿面替换方法（Jahanshahloo et al., 2007）等。

（3）时空演化问题研究。

以时间为测量尺度，描述事件以时间为序列发生的循序和变化的持续性，而演化一词来源于生态学范畴，是指事件的渐变过程，所以时间演化是指利用时间间隔为测度作为同一事物的顺序测度，来刻画研究主体行为变化的连续性。所以动态系统中所指的"演化"是指时间序列的演化。诸多国内外学者研究时间序列事物的状态、特性、行为、功能等随着时间的推移而发生的由简单到复杂、低级到高级的进化、高级到低级的退化的特征过程。空间可以分为相对空间和绝对空间两种形式，是事物存在的一种客观形式。绝对空间是指事物存在的地理空间，是清晰和自然的实际存在，相对空间是事件之间的一种关联形式，是相互关联关系的聚合形态。目前众多的学者对不同专业的效率时空演化特征进行分析。李涛和曹小曙（2015）等对中国区域综合运输效率的测度及其时空演化特征进行研究，以中国31个省份为研究单元，采用 DEA 模型对1988~2011年中国省域综合运输效率时空演化特征进行了分析。程钰、徐成龙和任建兰（2015）基于2000~2013年中国30个省份的环境规制要素投入和产出数据，采用 SE-DEA 模型测度中国环境规制效率，并基于面板数据模型检验相关影响因素。方叶林等（2015）以 1997~2011 年的数据为例研究中国省域旅游业发展效率测度及其时空演化，运用修正的 DEA 模型对省域旅游业发展效率进行测度，进一步利用 G 指数、重心等空间统计分析方法，分析省域旅游业效率的时空演化规律。姜彩楼、徐康宁和朱琴（2012）研究了我国国家级高新区年度的绩效时空演进情况，并对相应的贸易溢出效应进行了研究。陈昕和史建民对义务教育财政分权绩效测度的时空演化进行研究，以 30 个省际的数据为基础 Malmquist 指数测算财政分权促进义务教育均衡发展的绩效状况。李建建和沈能（2011）进行了低碳经济背景下的福建省能源效率时空演化研究，其运用超效率 DEA 模型测算了福建省能源效率。吴一洲和吴次芳（2015）等对城市规划控制绩效的时空演化及其机理进行了探析。刘佳等（2015）基于 DEA-Malmquist 模型研究了中国沿海地区旅游产业效率时空演化、影响因素与形成机理，运用 DEA 数据包络分析方法对 1999~2012 年沿海 11 个省份的旅游产业效率进行测度。谢曼曼和李秀霞（2015）基于数据包络分析法研究了吉林省土地利用生态效率时空演化规律，提出土地利用优化方案，利用数据包络分析对吉林省土地利用生态效率进行评价，发现效率的时空演化特征。

无线网络基站资源配置随着方法的不断改进，以及基站网络的不断优化，区域基站资源配置的不断调整，基站资源配置的效率也在不断发生变化。无线网络基站配置效率演化本身是一个时间和空间渐变的系统过程，对无线网络基站资源配置效率的研究要综合考虑时间演化与空间演化两部分。

（4）电信业资源配置效率。

近年来越来越多的学者和专家利用 DEA 数据包络分析法进行电信业效率评价，分析研究的文献也越来越多。韩文琰和唐任伍（2010）运用数据包络（DEA）分析方法，研究我国电信企业的效率，构建了投入导向模型，利用中国移动、中国电信和中国联通三家主流运营商

2004～2008 年的面板数据进行研究，并提出我国电信产业发展的策略和建议。齐长健和吕廷杰（2012）运用 DEA 方法中的 CCR 模型和 BCC 模型，分别对我国区域经济的相对效率从时间和空间两个纬度进行研究，研究结果指出，研究区间上我国电信行业经济效率不断提高，1998 年起，电信行业投资规模相对合理，东部、中部和西部区域的电信行业经济效率提高明显。中国电信市场技术进步效果显著，研究结论为工信部和监管机构制定符合我国电信产业经济发展的相关政策提供了理论指导。闻捷、宗培和舒华英（2013）在国家要求节能减排的政策环境下，针对我国电信企业绿色管理绩效评价面临的困难，利用 DEA 方法对电信企业绩效评价进行分解，分解为偏环境绩效、偏经济绩效和综合绩效三个评价单元，构建了含有不可控参数的数据包络分析的超效率评价模型；并且根据电信运营商管理实践的要求，构建了电信企业管理绩效指标评价体系。吕红和高锡荣（2007）根据数据包络分析的竞争思想，采用数据包络分析方法对我国某电信运营商 31 个省级单元市场情况从技术效率指标、综合绩效指标和全要素生产率指标三个方面进行定量评价并根据综合效率对各测量单元进行了排名比较。研究指出，有效前沿的省级电信运营单元市场年度变化较大，同时对效率排序也可以证实跨年度的变化情况。姜旭朝和纪盛（2011）利用某电信运营商 31 个省的面板数据，运用 DEA 方法对行业的技术进步和规模效率进行评价，研究表明，2007～2009 年，我国电信业市场的发展过程为先扬后抑，其中 16 个省级单位由于处于规模扩张过度而规模效益减少的阶段，坚持将电信行业的发展重点放在产业的协调发展上，并不断提高企业的服务质量和管理水平，提高技术效率，严格控制盲目的规模扩张。李享（2010）构建了电信企业投资效果评估的指标评价体系，利用数据包络分析方法，分别从技术有效性和规模有效性两个方面对 13 个地市级分公司的投资进行了实证分析并提出了改进的对策。师萍、韩先锋和宋文飞（2010）对我国电信行业 2003～2008 年 31 个省级电信企业的面板数据利用 DEA 分析方法进行实证研究，对效率和规模效率的研究结果指出我国电信行业平均技术效率为 0.867，各个省区效率差别不明显。行业效率和规模效率相关关系不明显，规模对行业技术效率影响不大。规模效率对行业效率的影响较小。建议通过加强企业管理、提高技术水平和管理水平来提高行业效率。苏泽雄（2014）构建了电信运营商营销费用投资效率评价模型，通过对营销费用投入的规模效率和产能效率的研究，发现问题，为营销费用的有效利用提供理论指导。李东（2010）运用数据包络（DEA）分析方法结合 Malmquist 指数分析，基于某电信运营商 2007～2009 年的面板数据，对各个单元的运营效率进行研究，研究结果表明，该省电信企业整体运营效率较低，规模无效导致技术效率无效。该时间段全要素生产效率持续增长，增长幅度较小。技术效率变化不大，技术效率的负增长严重制约了全要素生产率的增长。

李再扬和杨少华（2010）采用数据包络（DEA）分析方法，采集我国 31 个省份 2003～2008 年电信企业的面板数据，构建了基于计量经济模型的电信企业技术效率影响因素模型，对技术效率进行了定量研究。研究结果表明，我国电信企业技术效率各个区域差异较大，东部地区的技术效率超过西部，对电信行业技术效率的影响因素研究结果为价格规制政策负向影响技术效率，原因是电信企业因为市场竞争而过度扩张规模，形成价格战；同时可能是市场结构的失衡导致技术效率下降。他们建议，我国电信行业要通过提高管理水平和技术服务水平来提高技术效率，监管部门要加强行业管制，严格控制盲目规模扩张。杨少华和李再扬（2010）利用 DEA - Malmquist 方法，采集我国电信业 2003～2008 年各省的面板数据研究我国电信行业生产率变化，研究结果表明：该研究区间我国电信业全要素生产效率逐年提高，平均增长率为 11.03%，并分别研究了全要素生产效率的技术效率和技术进步的变化，技术进步的变化大于技术效率的变化均值，说明技术进步是影响全要素生产效率变化的关键因素，2004 年的电信体制改革促进了技术进步，2006 年由于价格管制政策的执行促使技术进步大幅度降低。高锡荣（2008）利用数据包络（DEA）分析方法，采集省级分公司电信企业面板数据对电信市场的效率进行分析研究，其研究结果表明，该时间段我国电信市场技术进步显著，技术变化是影响技术进步的主要因素，我国电信行业市场是通过提高生产技术实现技术增长的。同时，我国电信行业市场的 DEA 前沿发生了前移。研究结果还表明劳动要素对电信市场效率影响不明显。

根据对相关文献的分析，综合研究发现，国内学者对于资源配置效率评价方面的研究成果颇丰，所运用的评价方法也不尽相同，但使用最为广泛的评价方法是以随机前沿分析法（SFA）为代表的参数法及以数据包络分析法（DEA）为代表的非参数法。马晶、战学秋和张旭利（2009）利用优序图法确定各因素的权重，采用多层次模糊综合评判法对某企业的信息资源配置效率进行了评价。胡东和蒲男健（2010）运用超效率多阶 DEA 模型和对称修剪最小二乘法（STLS）测算分析了我国 12 家商业银行的效率及其影响因素。杨杰和宋马林（2010）运用 DEA 超效率模型对中国物流服务业效率进行了评价。刘玲利（2007）在研究科技资源配置效率评价时采用了 DEA 方法、Malmquist 指数法和 SFA 方法。然而，较多的研究是针对农业和加工制造业的研究，对于电信行业如何合理地进行资源配置和有限的资源如何使收益最大化的研究较少，本书根据无线网络基站资源的特点，选择更为适合本书研究的 SBM 模型研究基站资源配置综合效率，从时间、空间和规模三个维度分析基站资源的配置综合效率的演化特征，运用 Malmquist 面板模型分析基站资源配置生产效率的演化特征，并探析基站配置效率的影响因素。

二、基站配置规模的影响因素研究

电信业基站配置规模要综合考虑基站的覆盖、容量、服务质量三个方面，区域覆盖需求、容量需求和服务质量需求直接决定了区域网络基站配置的规模。区域覆盖实现会受到区域土地面积和地形特点等多方面因素的影响，区域容量设计受区域无线通信用户数量的影响，区域无线通信用户数会受区域经济因素、社会因素、政策因素和竞争环境因素的影响。网络质量是运营商无线通信服务质量的主导因素，同时服务质量也会影响用户感知，改变竞争环境，影响用户数量和服务需求，所以服务质量也会影响基站配置规模。由此可见，所有影响基站覆盖、容量和服务质量的因素都会影响电信业基站配置规模，在基站配置规模时要考虑影响覆盖、容量和服务质量的影响因素，实现对区域基站规模的合理配置，已有文献中不少学者和通信业工作者对基站覆盖、容量和服务质量的影响因素进行了研究。

（1）自然因素。

无线信号的传播环境会影响信号的传播距离，信号的传播距离决定了无线网络基站的覆盖面积，在无线通信系统中，王雪峰研究指出传播信道不仅受到多普勒效应的影响，信号传播区域的地形、地貌会影响信号的传播距离，所以基站的覆盖半径也会受到地形地貌等区域相关因素的影响（王雪峰，2005）。处于山区或丘陵地区的城市和处于平原地区的城市、郊区和农村相比，其无线传播环境根本就不一样，两者在无线传播环境方面存在较大的差异，程鸿雁指出在无线网络基站规划时必须考虑不同地形、地貌、建筑物、植被等参数对无线信号传播带来的影响（程鸿雁，2013）。胡绘斌、姜永金和傅文斌（2008）通过对数字地图的提取，对不规则形状的雷达波在软件工程中的传播特性设计出了分析软件，该软件不仅考虑了不规则地形对电波传播所产生的多种干涉效应和绕射效应，还充分考虑到了大气折射、对流层散射等效应对电波传播的影响。刘晓娣、肖金光和周新力（2015）研究地形对无线电波传播的影响问题，提出了基于单次快拍的空间平滑旋转不变性的信号参数估计法。无线信号传播的环境直接影响无线信号的覆盖半径，也就影响区域基站配置的数量。诸多研究人员的研究表明无线网络的传播受到地形地貌等自然因素的影响，影响无线基站的覆盖半径也就影响无线网络的基站资源配置。

（2）社会因素。

无线用户的数量和分布影响无线基站的容量和规划，移动通信用户的通信消费需求也就影响无线网络基站的数量和分布。无线通信消费是居民消费的一部分,居民消费支出受消费水平和消费习惯等诸多因素的影响,同时,居民消费的影响因素同样影响着无线移动通信消费,但无线通信消费又不同于普通产品的消费影响。通信需求是满足人与人之间的信息交流,是服务消费的一种(李研等,2006)。消费结构(Consumption Structure)(孟慧霞等,2011)是指人们在一定的社会经济条件下消费过程中消费资料的比例关系,其分为实物消费和价值消费两种形式。人们消费的消费资料是人们的实物消费形式,通过货币衡量的消费资料的消费是价值消费形式。消费结构变动的影响因素包括社会的经济制度和产业结构、消费品价格和消费决策、消费者收入水平、社会生产力的发展水平、消费心理和消费行为、人口的自然结构和社会结构决定的需求结构等(周双燕等,2013),移动通信消费既然是居民消费的一部分,居民消费的消费结构和消费水平的影响因素同样影响移动通信消费需求,也就影响无线网络基站资源配置。Erik Bohlin 等(2007)研究和预测了欧盟移动通信市场面临的区域竞争和影响发展的因素。C. Nam 等(2008)研究认为区域人们的教育水平等因素影响区域内通信市场的发展。Campbell(2001)研究指出城乡区别、人口结构、性别结构和受教育程度等因素影响通信需求。

(3)政策因素。

政策因素包括国家和地方政府对通信发展的开发和需求、对节假日的安排和调整、对交通设施和城市发展规划的政策、对通信市场的管理控制政策和市场准入政策、对通信市场消费价格的管理等(孙耀吾等,2014)。政策环境因素影响和制约着无线通信业务发展和运行。近年来,我国对互联网消费、政府信息化和企业信息化等要求的宏观政策在很大程度上促进了无线通信市场的快速发展。国家宏观政策的调整刺激了内需,带动了各个行业的发展,同时行业发展和人口的加剧流动又增加了人们对移动通信服务的需求。根据通信运营商业务统计,假期期间个人移动通信收入较工作日增加 25%。

2008 年 9 月，国资委和国家工信部联合发文《关于推进电信基础设施共建共享的紧急通知》，大力推进各家电信运营商基础设施共建共享，严格控制重复建设。共建共享等国家对电信企业建设投资的管控政策，减少了电信运营商的基站设备投资，同时给基站规划建设也带来便利。工信部发文的非对称携号转网政策只允许中国移动的用户转向中国电信和中国联通的单向转网，不允许中国电信和中国联通的用户转到中国移动的政策也影响着电信市场的均衡发展。张捷均（2014）研究指出城市发展规划是城市基础设施建设的基础，通信网络的发展规划是城市发展规划的一个重要组成部分，通信网络的发展规划决定着城市信息化的发展，是实现数字化城市的有效途径，两者之间相互促进相互影响。近年来，随着技术的不断革新和进步，移动通信市场的不断发展和进步，电信市场的发展由国家对价格和准入政策进行严格的政府控制，逐步转为市场竞争等放松规制，由低强度的成本加成机制到目前逐步实施的价格上限规制等一系列规制政策的变化，初佳颖（2006）研究结果表明前期我国电信产业的政府规制对电信产业的技术效率影响显著，但近年来的规制改革确实促进了效率的提高。卢云等（2013）研究指出四网协同作为中国移动通信集团两大战略之一，是实现可持续发展的重要基础。四网协同建设模型研究指出可以实现中国移动通信集团公司及各省公司的精细化管理工作，提升投资管理效益。

（4）经济因素。

经济因素是指各国家或地区的宏观经济状况，该宏观经济状况影响企业的营销活动，包括居民收入、消费结构、发展状况和经济结构等。张冲等（2015）借助中国 2001～2012 年省级城镇面板数据，运用动态面板的广义矩估计方法，研究城镇居民通信消费的影响因素，研究结果显示，城镇居民通信消费存在较强的惯性作用，城镇居民人均收入、电信价格消费指数与城市居民通信消费呈正相关，银行实际利率对消费指数有显著的正向影响，工作年龄、人口、少儿抚养比和恩格尔系数对通信消费产生负向影响。魏笑笑（2008）总结了我国西部地区电信消费需求的主要特点及规律性，并提出扩大电信消费需求的对策和建议，加快经济发展是提高电信消费水平的基本前提。

孙耀吾和芡胜彬（2014）依据 27 个省份的移动通信用户量面板数据，运用 SFA（Stochastic Frontier Analysis）模型，通过实证研究分析发现区域内无线通信业务市场的发展差异和影响因素。研究结果指出人均可支配收入是影响区域内移动通信市场用户规模的重要因素，同时指出无线网络容量是影响区域电信业区域协调发展的重要因素，产业结构和教育水平等对无线通信业务用户规模影响较小。贺凡、孙耀吾等的研究为电信运营商制定发展战略和网络建设规模提供理论指导，为政府制定促进通信产业结构升级以及区域协调发展的政策提供重要启示（贺凡，2011；孙耀吾等，2014）。

（5）竞争因素。

竞争（Competition）是个体或群体间力图胜过或压倒对方的心理需要和行为活动（陈信元等，2014），其意味着竞争参与者牺牲他人的利益实现最大限度的个人利益的行为。竞争是竞争参与者各方追求胜过对方的对抗性的行为，竞争一方面可以促进各方的生产积极性，促进企业发展和社会进步，另一方面对劳动生产率的提高有着重要的促进作用（王玉荣，2002）。同时竞争的消极作用也会挫败竞争者的生产积极性，不利于有限资源的效益发挥，导致各个竞争参与者的不和谐发展。竞争胜利者成功的同时对立者是失败的，企业竞争机会越多，意味着成功和失败的机会也就越多。目前中国电信市场是中国电信、中国移动和中国联通三家主流运营商之间进行着无线移动业务的竞争，不同区域的竞争态势和竞争激烈程度也不尽相同，不同的竞争程度和地位市场占有率不同，市场占有率不同，用户规模不同，其中用户规模在很大程度上决定着无线网络基站的建设规模。

规模经济是指随着企业规模的变化而导致成本和收益变化的一种经济现象（王俊豪，1995）。规模经济的重要作用是合理优化资源，是提高企业经济效益的重要手段和途径。竞争的促进作用和供求机制、规模经济的共同作用促进企业资源的有效利用，提高企业的经济效益（于良春，2004）。所以国家通过建立有效竞争的竞争环境来保障规模经济和竞争活力的理想协调点，力求竞争活力和规模经济协调发展是为了更好地发挥竞争效力和规模经济的效用，追求社会效益的最大化（叶炜宇，2002）。电信运营商之间的竞争过度会导致资源的过度配置，竞争不足会不能较好地进行网络服务质量的提升，形成资源的浪费，社会经济效率降低，竞争因素在一定程度上影响无线基站资源配置（彭武元、方齐云，2004）。

为了提高电信业的劳动生产率，我国积极推进电信企业改革，拆分后重新组合形成三家电信运营商，激励电信企业间相互竞争，打破垄断，形成有效竞争，进而推进电信业劳动生产率提高。经过近 20 年的发展，我国形成三家主流电信运营商的有效竞争格局，通信资费大幅度下降，公众的福利大大提高。通信服务费的降低，使我国的移动用户大幅度增加，整个电信行业的资源配置效率得到提高（张成波，2006）。张成波（2006）通过对国内外电信业市场结构对比分析和资源配置对配置效率的研究分析，从我国电信业企业改革实际情况考虑，研究了我国电信市场竞争模式对资源配置效率的影响。

安玉兴（2008）研究指出市场结构和网络互通对电信市场的有效竞争起着至关重要的作用。目前中国电信业的市场结构对市场竞争的作用不大，在一定程度上有着阻碍作用，其通过研究表明目前中国的市场竞争模式没有实现有效竞争，国家管理机构还应该继续鼓励竞争。

（6）网络质量因素。

无线基站网络质量是通过对无线网络运行数据的分析，进行网络运行情况的评估，包括无线网络的规划质量、网络的运行情况和网络的客户感知等。无线网络质量在很大程度上影响网络服务质量，也就影响客户的感知，继而影响用户对运营商的选择，同时网络服务质量影响网络资源的利用率，继而影响无线网络基站资源配置。网络质量提高的核心工作是进行无线网络的优化，其中网络优化基站选址优化是无线网络优化的一个重要内容，即在考虑信号质量、建设代价、覆盖约束以及其他多个无线网络参数的要求情况下进行优化基站的配置数量和安装位置，其目标是用较低的基站投资建设代价来建设实现一个相对高覆盖率的无线通信服务网络。由于电信运营商追求市场占有率和满足社会通信需求加大了无线网络基站基础建设，近些年来较多的科研工作者和企业技术人员致力于提升无线网络质量，进而提升客户感知，节约设备资源投资。

谢熠（2012）等提出网络的建设核心应该转向无线网络优化，因为随着无线网络规模扩大和多制式并存，区域覆盖得到改善而无线网络的服务质量下降，这就对网络优化提出更高的要求。他还指出电信运营商为了增加市场份额引入新业务，不断增加的业务导致网络质量下降，网络质量的情况直接影响电信企业的无线通信网的投资规模。曾召华（2002）通过研究 GSM 系统网络优化的理论和技术，提出了几种提高网络运行质量的方法，其使系统的接通率提高了，也改善了网络服务质量。由此可见，网络质量越高，资源利用率越高，对无线网络基站的需求也相对减少；网络质量越差，资源利用率越低，满足同等用户通信服务需求所需要的无线网络基站也就越多。

三、主要概念界定

（1）规模经济（Economies of Scale）。

规模经济理论是描述生产规模和经济效果相互关系的理论，来源于企业生产理论（董四平等，2009）。经济学理论观点认为，生产规模扩大一方面会带来规模报酬递增——规模经济现象，导致单位服务产出成本下降、市场份额增加、品牌价值增加等，这正是组织扩大规模的经济动机；另一方面规模并非越大越好，当规模超过一定限度时，组织内部复杂性增加，管理成本增加，环境适应能力下降，最终致使规模报酬递减——规模不经济。规模收益存在规模递增、规模不变和规模递减三种情况（郝海，2003），通信运营商网络规模经济是指电信企业随着规模扩张导致报酬递增的现象，即经济性增加的现象。网络规模发展力求建设最优网络规模也就是适度规模，高于最小网络有效规模，并且低于最大网络有效规模。

（2）基站配置规模。

国外关于通信网络规模的定义一般是指无线网络的用户容量，而网络用户容量又是由基站数量决定的。本书在文献比较研究的基础上，将无线网络基站数量作为无线网络规模的指标。基站配置规模是指为满足区域无线通信需求而配置的基站数量，基站资源配置规模同样具备资源配置的数量特征，即基站总量和增量的资源配置数量特征。所以本书研究基站配置规模包含现网运行的基站规模数量和待配置分配的基站规模数量。研究现网运行的基站规模数量的资源配置效率，并研究基站配置规模的影响因素，进而指导基站规模的增量配置。

（3）适度规模与网络适度规模。

在生产技术条件不变的情况下，规模报酬随着生产规模的增减而处于不同的阶段（郝玲，2006）。在生产规模较小的条件下，扩大生产规模会引起规模报酬增加；当处于适度规模阶段时，规模报酬也不会随规模的扩大而变化；当超过适度规模阶段后，规模报酬反而会随着规模扩大而呈现负增长，适度规模是企业发展追求的理想阶段，也称适度规模和理想规模（魏耸和金书秦，2012）。在一定的社会经济水平、政策环境以及地理环境条件下，企业处于适度规模阶段，生产力的各个要素数量协调，企业会得到扩大规模增加效率的全部收益，能够以较少投入获取较多产出，资源利用率最高（赵旭松等，2012）。那么电信网络适度规模也就是指网络规模符合国家政策相关规定，与区域内通信业务需求相适应，与通信服务的投入相协调匹配。

（4）基站资源配置效率。

资源配置效率是指在一定的技术水平条件下各投入要素在各产出主体的分配所产生的效益。基站资源配置效率是指在电信技术水平条件下，无线网络基站建设和运营投入要素在不同分公司生产单位的分配所产生的效益；指在特定的时间区间内，不同分公司生产单位的各种收入和产出之间的比率关系。宏观意义的基站资源配置效率，通过整个社会的基站资源安排而实现，狭义的意义指基站资源使用效率，是各个分公司生产单位的生产效率，通过各个分公司经营生产单位内部生产管理和提高生产技术实现。

第三节　研究区域界定

我国电信行业基站资源管理是以地市分公司为最小运营单元进行计算和考核的，集团管理部门将资源配置到各个省级单位公司，各个省级单位公司再将基站资源配置到各个地市级单位分公司，各个地市级分公司按照各个县区的情况将基站资源进行规划建设，基站配置效率的考核是以地市级分公司为单位进行的，数据考核统计口径每个省份各有不同，省级单位统计省内各个地市级单位指标数据，为了本书研究更利于电信业的运营和管理参考，本书研究基站配置效率按照地市级单位进行，研究基站配置规模以县级分公司为单位进行。电信企业实际运营是集团和省、地市级单位有建设运营部门。本书立足山东研究基站配置效率时空演化特征和配置规模，主要有以下几方面的考虑：第一，山东基站规模占比最大，我国现网运行 150 万个基站，山东基站总数 10 万多个，占比接近 7 个百分点，是我国基站规模最大占比的省级单位，立足山东电信业的基站资源配置研究更具有代表性；第二，山东经济情况跨度较大，既有青岛、烟台等国家经济发展前列的地市级单位，又有菏泽和聊城等全国排名较为落后的贫困地区；第三，山东地形多样，既有山东南部的泰安和临沂等山地丘陵地市，又有西部和北部的平原地区、东部青岛和烟台沿海区域；第四，山东各个地市公司规模差别较大，既有烟台、青岛和济南等 A 类规模地市公司，泰安、淄博等 B 类地市公司，又有枣庄和莱芜 C 类规模地市公司；第五，山东电信业的管理和技术水平位于全国电信业的前列，立足山东电信业更能充分反映电信业技术进步和管理水平对电信业基站效率的影响。考虑山东经济跨度、规模跨度和地形多样等特点，是我国电信业基站效率研究的代表性省域，同时考虑数据统计口径的一致性，本书选择山东区域某电信运营商进行基站配置效率时空演化特征和基站规模配置研究，以期为山东省乃至全国的基站资源配置提供理论指导和资源分配决策参考。

（1）区域概况。

山东省位于我国东部沿海，陆地总面积 15.67 万平方公里，占全国总面积的 1.6%，2012 年统计人口 9733 万。山东的地形中部突起，为山东中南山地丘陵区，泰安市的泰山是山东全境的最高点；东部半岛大都为起伏和缓的波状丘陵区；西部和北部是黄河冲积而成的山东西北平原区。境内山地约占陆地总面积的 15.6%，丘陵占 13.2%，洼地占 4.1%，湖沼占 4.4%，平原占 55%，其他占 7.8%。山东省平均每平方公里 615 人，人口密度济南、枣庄和青岛每平方公里超过 800 人，东营、滨州和威海人口密度较小，人口密度每平方公里不超过 500 人。

山东联通每个基站的服务面积是 4.47 平方公里，每万人 3.64 个基站服务，聊城、滨州、德州和东营四个地市分公司每个基站服务面积均超过 6 平方公里，济南和青岛基站服务面积均小于 2 平方公里。东营、济南和威海每万人配置基站均超过 5 个，滨州、菏泽、德州、聊城和济宁每万人配置基站均不足 3 个。山东十七个地市三家电信运营商基站资源配置规模各有不同，就基站数量总量而言，济南、青岛和临沂的总体配置数量较多，莱芜和日照基站配置数量较少，基站配置的多少受区域面积、经济等多方面的影响。每个基站服务的区域，三家电信运营商配置基站在山东十七个地市的服务面积各不相同，总体而言电信单站覆盖服务面积最大，联通其次，移动单站覆盖服务面积最小，也就是说平均基站密度最大。联通基站服务济南、青岛和枣庄等地市单个基站服务的面积较小，东营、聊城和菏泽相对其他地市而言单站服务面积较大，基站密度较小。电信公司济南、淄博和枣庄单站服务面积较小，基站密度相对其他地市而言较大，滨州、日照和潍坊基站服务密度较大，基站密度较小。山东十七个地市基站服务人口情况：移动公司每万人配置基站数量最多，联通其次，电信每万人配置基站数量最少。从联通公司整体基站配置来看，济南、青岛和东营每万人拥有基站较多，德州、聊城和菏泽每万人拥有基站较少。从移动公司整体基站配置来看，济南、青岛和东营每万人配置基站数量较多，泰安、济宁和菏泽每万人配置基站数量较少。从电信公司整体基站配置来看，济南、东营和莱芜每万人配置基站数量较多，潍坊、菏泽和滨州每万人配置基站数量较少。这种资源配置的空间不均衡性在各个区域的利用率如何，如何进行各个区域资源配置效率的评价和各个区域资源配置规模现状下应该达到的有效产出是研究的重点。

（2）区域规模分类。

中国联通集团总部根据全国地市分公司收入规模将地市公司分为三类，分别为 A 类地市、B 类地市和 C 类地市。济南、青岛、烟台、潍坊、临沂为 A 类地市，莱芜和日照为 C 类地市，威海、济宁、滨州、东营、淄博、德州、聊城、菏泽、泰安和枣庄十个地市为 B 类地市。

第四节　研究的内容和框架

一、研究内容

本书在已有的关于电信业资源配置效率研究的基础上，结合基站资源自身的新特性，开展了如下研究：以资源配置理论作为本书的理论基础，首先对基站资源配置效率时空演化特征进行研究，并进一步探析基站综合效率和全要素生产率的影响因素；其次定性和定量相结合研究无线网络基站配置规模的影响因素，利用结构方程模型理论分析各影响因素的影响程度和相互关系；最后归纳总结了基站资源配置效率提升策略和方法。

本书主要研究内容和章节组织结构可分为九个部分。

第一章，绪论。论述了本书选题背景及研究的目的和意义，对基站资源配置相关的研究情况进行了概述，并从无线网络基站资源配置规模的影响因素角度，以及无线网络基站资源配置效率的角度、研究阶段和理论研究的深度等方面论述了以往研究的不足，总括描述了本书研究的区域界定、研究内容、研究方法、创新点和技术路线。

第二章，相关概念和理论基础。首先，界定了基站相关概念和内涵，包括资源配置的经济含义和特征、资源配置的理论发展；其次，阐述了本书研究相关的资源配置理论基础，包括规模经济理论、资源配置理论和能源经济学理论；最后，介绍了研究的理论框架。

第三章，基站资源配置的测度基础分析。首先，阐述了资源配置的方式和基本原则；其次，分析了资源配置理论和无线基站规划的关系，包括基站的资源特征和理论依据，并分析了资源配置理论对无线网络基站规划的影响作用，包括确立了规划的目的、指导了规划过程和加强了规划对运营的影响；再次，考察了基站网络规划所需进行的容量分析预测；最后，采用机器学习的方法进行流量识别，为后续基站效率的影响因素分析奠定基础。

第四章，电信业基站配置效率测度。本章首先介绍了基站配置效率研究的方法模型，包括投影值约束加权 SBM 模型、Malmquist 指数模型和空间关联指数分析模型；其次阐述了基站配置效率评价的功能和评价指标构建原则，总结了基站资源配置效率研究的意义，并系统整理了基站资源效率评价的基本原则；最后实证分析山东电信业基站配置效率的演化特征和影响因素，进行指标相关性分析和指标选择优化，从时间、空间和规模三个维度分别探析无线网络基站资源配置效率特征，并进一步分析基站综合效率和生产效率各影响因素的影响程度。

第五章，电信业基站资源配置效率的空间异质性分析。基于新经济地理学理论和非线性视角构建不含空间效应的传统 OLS 模型和包含空间效应的空间计量模型，考察无线网络基站资源配置效率的空间相关性和空间溢出效应，并进行空间可视化呈现区域资源配置效率和全要素生产率的空间分布特征。

第六章，电信业基站配置规模的影响因素定性分析。定性分析了无线网络基站规模影响因素，首先进行了规模影响因素的描述性分析，通过专家咨询法构建了无线网络基站资源配置规模影响因素指标体系；其次定性分析了基站资源配置规模各个影响因素的主要维度和权重，专家对影响因素的评分和指标权重分析为基站规模影响因素定量分析提供依据，避免定量分析的盲目性。

第七章，电信业基站配置规模的影响因素定量分析。以本书第四章中影响因素的定性研究为基础，从自然、社会和经济等六个纬度提炼了无线网络基站资源配置规模的影响因素，以无线网络基站规模为因变量，以自然因素、社会因素等六类影响因素作为测量变量建模，定量刻画无线网络基站数量规模的主要影响因素、影响程度及其相互关系，定量系统探讨分析无线网络基站规模的影响因素。

第八章，电信业基站资源效率提升思路与对策。依据基站资源配置效率和规模影响因素研究结果和结论，从政策层面、管理层面和技术层面提出无线网络基站优化资源配置的治理对策，为管理层决策网络基站资源配置规模和有效地进行基站资源优化管理提出政策建议，为通信企业的健康发展提供决策参考。

第九章，结论与展望。简要总结本书的主要研究内容和成果，并说明研究过程中的不足和下一步研究努力的方向。

二、研究方法

本书研究内容涉及管理学、统计学、营销学、计算机学、博弈论、信息经济学、系统论、社会学等学科知识领域，具有综合性、交叉性特点，根据适用性和科学性原则，采用多种分析工具和建模推理，进行了定性分析和定量研究。具体采用了以下研究方法：

（1）借鉴法。通过文献检索、收集、阅读、整理和分析，了解无线网络基站资源配置效率和配置规模影响因素的研究现状，了解研究相关的最新理论，然后梳理已有文献，形成自己的研究思路，坚实了理论研究基础。

（2）系统方法。本书将基站资源配置看作一个由各种分析要素组成的复杂系统，研究了无线网络基站资源配置方法理论，运用系统论的方法研究基站资源配置规模各个影响因素之间的相互关系及对资源配置效率的作用，建立了系统的管理理论和方法。

（3）统计学方法。运用 Maxdea 分析软件进行无线网络基站资源配置效率分析，探索无线网络基站资源配置效率的静态排序和动态变化特征。运用主成分分析和结构方程模型进行了探索性因子分析和验证性因子分析，借助 SPSS 软件和 Amos 软件，对基站资源配置各影响因素之间的关系进行了详细的分析和阐述，运用 Geoda 软件分析基站效率空间关联特性。

（4）数据包络分析方法。基于数据包络分析理论方法，考虑到基站资源配置效率研究的复杂性，构建 RWSBM 投影值约束加权模型，建立基站资源配置效率评价模型，选取《中国统计年鉴》《中国通信年鉴》和企业运行分析中相关指标数据，对基站配置效率时空演化特征进行分析。

（5）实证研究法。以理论探索为基础，运用实证研究方法来验证构建模型的有效性，分析无线网络基站资源配置影响因素的直接影响和间接影响，并利用实证研究方法对山东无线网络基站资源配置效率进行研究，获得了可信和可靠的研究结论。

三、技术路线

本书研究技术路线如图 1-1 所示。

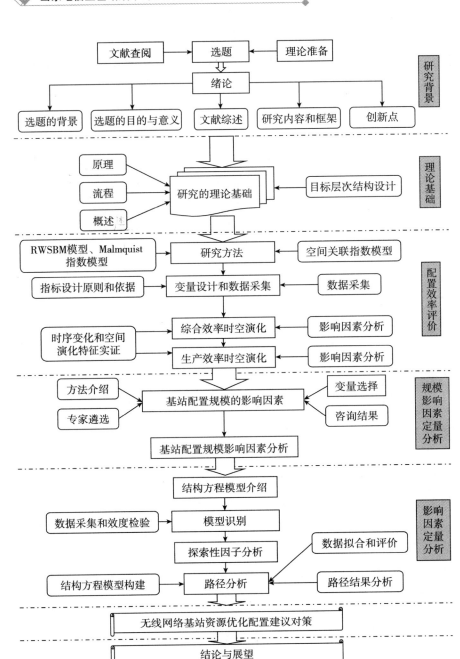

图 1-1 本书研究技术路线

第五节　研究创新点

合理地配置基站资源到各个区域，并有效地评价现网运行的基站资源配置效率，是提升企业整体资源配置效率的关键，也决定着电信企业运营发展的成败。本书在历史文献研究的基础上，从多视角探析基站配置效率的演化特征和影响因素，并进一步研究如何科学地进行配置区域基站规模，以期为山东省乃至全国的基站资源配置提供理论指导和资源分配决策参考，力图在研究视角和研究内容上实现以下几点创新：

（1）现有的电信业资源配置效率问题研究，主要是采用 DEA 的 CCR 和 BCC 两种传统模型从宏观角度对电信业产业效率进行的研究，少有文献从微观角度对电信企业资源配置效率进行研究，从宏观角度对行业效率进行研究只能了解整个电信行业资源配置效率变化情况，却不能准确反映基站配置效率特征情况，无法有针对性地制定效率改进措施。本书尝试性地构建 DEA 方法的 RWSBM 模型研究基站资源配置综合效率的特征，从时间、空间和规模三个维度研究基站配置综合效率的特征，并分析区位因素对综合效率的影响关系和影响程度，这是本书研究的第一个创新点。

（2）原有文献对电信业基站效率问题的研究，没有考虑通信技术进步、管理现代化等科技技术进步对基站效率的影响，并且原有文献的研究普遍采用 Malmquist 指数方法的相邻参比 Malmquist 模型，没有文献针对基站生产效率进行研究。本书从科技进步的视角，研究山东电信业地市级单元基站资源配置全要素生产率的增长，试图采用提高结果区分度的全局参比 Malmquist 指数模型研究基站生产效率的时空演化特征，从时间、空间和规模三个维度分析基站全要素生产率的演化特征，并探析基站生产效率的空间关联性和区位因素的影响，这是本书研究的第二个创新点。

（3）考虑到如何合理地配置基站规模是提高基站资源配置效率的关键环节，原有电信业资源配置效率没有关于此方面的研究，本书尝试定性与定量分析结合研究基站配置规模的影响因素，建立影响因素结构方程模型，以基站配置规模为因变量，以自然因素、社会因素等六类影响因素作为测量变量建模，定量刻画无线网络基站配置规模的主要影响因素、影响程度及其相互关系，为合理配置基站规模提供决策依据，这是本书研究的第三个创新点。

相关概念和理论基础

本章对本书所需要的基站基础理论进行阐述，包括基站概念、基站资源配置目标、配置内容和原则四个方面，主要将本书涉及的规模经济理论和资源配置理论进行全面系统的梳理，为后续章节对基站资源配置效率和配置规模研究提供理论基础。

第一节　网络资源配置的效率评价界定

一、网络资源配置效率

"效率"一词在字典中的基本解释是单位时间内完成的工作量，而在经济学中通常是指资源配置效率，即最有效地使用社会资源以满足人类的愿望和需要。鉴于人欲望的无限性，就一项经济活动而言，最重要的事情当然就是最好地利用其有限的资源，在不会使其他方面境况变坏的前提下，使至少一方面变得更好，这也就是微观经济学中所说的帕累托最优（Pareto Optimum）或帕累托效率（Pareto Efficiency）。帕累托效率是以完全竞争市场为假设条件的，而在现实生活中几乎不存在这样的市场状况，因此帕累托效率的最优状态在现实经济中几乎不可能存在，所以我们只是利用帕累托效率的理念来分析现实中的经济问题，以最理想化的要求来分析评价现有的资源配置效率。

资源配置效率问题是经济学研究的核心内容之一，资源配置效率问题包含两个层面。一是广义的、宏观层次的资源配置效率，即社会资源的资源配置效率，通过整个社会的经济制度安排而实现；二是狭义的、微观层次的资源配置效率，即资源使用效率，一般指生产单位的生产效率，其通过生产单位内部生产管理和提高生产技术得以实现。现代经济学认为，市场是资源配置的最重要方式，而资本市场在资本等资源的配置中起着极为关键的作用。在此过程中，资金首先通过资本市场流向企业和行业，其次带动人力资源等要素流向企业，最后促进企业和行业的发展。因此，资金配置效率是资源配置的核心。

无线网络基站的资源配置效率也有两层含义：一是基站本身的利用效率，指基站配置能否高效地为需要服务的企业提供所需服务，这与基站配置的制度环境、技术环境等密切关联；二是各种基站资源通过合理配置流向不同效益水平企业的情况，反映将稀缺资源配置到效率最高的企业有效程度。

资源配置效率理论指出，在完全竞争市场中，基站资源应按照边际效率最高的原则在分公司之间进行配置，因此基站资源配置效率的重要衡量标准就是看基站资源是否流向经营效益最好的企业通信分公司。因此，理论上看，效益应与基站资金投入相对应，分公司的效益应与其获得的资金份额一一对应。一方面，效益最好的企业应当获得最大份额的资金投入，效益次之者获得资金次之，效益最差者获得资金最少；另一方面，获得资金份额最大的通信分公司的效益也应最好，两者都实现最优时，资金配置效率最高。前者实际上反映了资金在分公司间的配置情况，后者则反映了分公司的资金使用效率情况。

二、无线网络资源效率评价

效率评价是指运用数理统计和运筹学原理，针对以投入和产出为主体的特定指标体系，在多个评价对象间实施投入产出比的比较分析，对被评价对象一定经营期间的相对于投入的产出水平做出客观、公正和准确的综合评判。

无线网络基站资源配置效率评价是依据统计学原理，运用现代数学建模与分析技术建立起来的剖析基站资源投入与产出能力，真实反映无线网络基站资源配置现实状况，为进一步优化配置基站资源提供决策参考的一门科学。

无线基站资源配置效率评价有两种基本思路：其一，是进行多个被评价对象（比如山东17个地市）无线网络基站资源投入产出比的相对分析，从中找出无线网络基站资源配置效率相对较高和较低的区域，并以效率的相对高低状况对区域进行分类或排序；其二，是以某一个区域（比如青岛等无线基站资源配置效率较高的区域）的基站资源投入产出比为标准，测量其他区域的无线基站资源配置效率与其的差距，差距越大，其他区域的科技资源配置效率越低。前者属相对效率评价，后者为绝对效率评价。前者的优势在于评价标准是动态选择的，标准选择更具客观性，劣势在于效率测量结果只能反映无线基站资源配置效率的相对状况，无法反映其绝对水平，评价结果适合于单期、优化决策，却不适合差距分析和整体提升决策；后者的优势在于评价标准是固定的，其他区域都以该区域为标准，能得出比较一致性的评价结果，而且评价结果能用于差距分析，并能为企业相关职能部门制定整体效率提升方案提供参考。

本书进行无线基站资源配置效率评价的目的是提供无线基站资源优化配置的决策依据，可选择相对效率评价方法进行评价分析。

三、基站的概念界定

1. 基本定义

基站子系统的简称就是我们广义上说的无线网络基站。例如，在GSM（Global System for Mobile Communication）系统中，基站包括基站收发信息机和基站控制器（冯穗，2013）。多个基站收发信息机可以通过一个基站控制器来控制。

狭义的基站，是无线移动通信系统的无线电台，是通过信号交换中心的信息交换在覆盖区域和手机终端进行传递信号的无线电台（南海兰等，2005）。

2. 组成构成

基站子系统主要包括两类设备：基站收发台（BTS）和基站控制器（BSC）。

日常我们看到的建筑物上的天线就是基站收发台的一部分。基站收发台的主要功能是负责手机终端和交换设备之间的信号接收和发送。在特定的区域，蜂窝状的无线网络是由多个基站子系统和收发台组成的，也就是我们通俗意义上说的基站无线网络覆盖，收发台负责信号的发送和接收，基站收发台无法接收信号的区域就是我们常说的信号盲区，用户在盲区是无法进行通信的（刘峰，2015）。无线网络基站配置为了满足通信服务需求的要求，实现规划区域内信号无盲区。

基站子系统是信号控制台和交换中心连接的桥梁，是无线通信系统中极其重要的单元。规划区域内无线基站规划的数量和位置等因素决定了区域内无线通信系统的通信质量。基站的配置和规划建设是无线移动通信网建设的重要环节，所以本书的研究考虑基站规模配置代表基站资源配置研究。

第二节　电信业基站资源配置内涵

一、基站资源配置目标

无线网络基站建设和合理的基站资源配置是一个系统工程，系统工程建设的基本要求是通过无线网络基站的合理配置，通过利用电信运营商有限的设备和资金资源完成基站资源配置，而满足服务区域内用户不断增加的对无线通信业务的需求；同时由于人们对移动通信的需求日益增长，电信运营商的用户也在不断增加，基站系统工程还必须考虑系统建设的下一步扩容和系统升级。移动通信系统工程必须满足上述几个方面的客观要求（丁海煜，2006），以 LTE 无线网络基站分析，由于其容量、覆盖和服务质量之间相互影响、相互作用的密切关系，这些客观要求在基站资源配置中将更加重要。无线网络基站通信基站配置要综合考虑覆盖、容量和投资等方面的相互关系，根据网络的不同需求进行资源配置。投资、覆盖、容量等网络建设需要满足的需求之间相互影响，要全面权衡各项指标的要求，单独考虑任何一项指标都是不可取的，都是不能满足基站配置要求的，当然，其中任何一项指标的调整都会牵动其他指标的变化。

控制实现网络基站建维成本最低。电信运营商无线通信系统建设投资中，无线网络基站部分投资占比最大，占总投资成本高达 70%。因此，对于系统工程建设的基站建设部分进行合理的资源配置可以最大限度地减少整个工程的投资，也相应地减少了后续的基站维护费用的支出。在无线网络基站资源配置过程中，进行合理的基站资源配置，实现通信需求的情况下减少基站数量的建设，从而实现以最小的投资成本达到最优的系统性能，最大限度地实现无线通信网络基站的使用效率。合理地进行基站配置不仅可以减少前期投资，还会为未来的系统升级节约投资。

合理地进行无线网络区域覆盖配置，同等的投资可以实现无线网络的业务覆盖最好，网络的营利性越好，在移动通信市场竞争日益激烈的情况下获取的企业效益越高。合理的基站资源配置是网络建设的基础，可以提高企业的市场竞争力，提高通信运营商的品牌效益。

合理进行无线网络基站资源配置实现网络有效容量最大。现阶段移动用户的话务需求日益增加，对业务的多样化要求也越来越高，网络基站容量必须满足用户数和忙时各种业务的需求。

保障基站提供最优通信业务质量。合理地进行基站资源配置保障网络可以提供优质的通信服务，提高客户感知和客户满意度实现通信运营商移动通信市场竞争力。

保障网络基站的可升级潜力。移动业务的增长需求是无法完全精确进行预测的，无线网络不断进行着升级和演进，在无线网络基站建设过程中必须考虑网络可升级性，从而保障通信运营商在不断发展中的领先优势。

二、基站资源合理配置原则

无线网络基站资源配置既要考虑无线基站资源自身的特性又要考虑国家对无线网络基站资源配置的要求，有效地提高基站资源的产出效率，基于基站资源配置的目标和特殊性，无线网络基站资源配置需要遵循以下原则：

（1）业务保障原则。无线基站网络定位为提供无线语音数据接入服务，以满足用户高速数据业务需求和提高使用体验为目的进行部署；基站资源配置，应继续完善覆盖和容量，为用户提供良好、无缝的业务保障（简松涛，2014）。

（2）长期发展原则。无线网络基站资源配置部署应综合考虑竞争和网络长期发展需求，兼顾网络投资效益，优先选择网络竞争力、投资效益双提升的区域。

（3）统筹规划原则。无线基站网络的结构、布局和配置应根据指标要求进行统筹规划，在现有网络基础上先考虑优化改造，如不能优化改造，可考虑新建。

（4）共建共享和节能减排原则。党的十八届五中全会通过的《中共中央关于制定国民经济和社会发展第十三个五年规划的建议》当中，明确提出了要开展网络提速降费这项工作，国务院常务会研究决定开展"提速降费"，同时又下发了 41 号文件。"提速降费，提速主要是网速的提升，降费就是资费，这是分成两个层面"。根据国家提速降费的要求，并考虑工业和信息化部共建共享的要求等现实情况，合理地进行无线网络基站资源配置。因此，无线网络基站资源配置建设应坚持多运营商的资源共建共享和节能减排原则。

三、基站资源合理配置类型和内容

根据无线网络基站资源配置不同的研究尺度，可以将基站资源配置类型做如下划分：

（1）时序配置。从时间维度分析无线网络基站资源配置问题，就是分析无线网络基站资源在不同时间的配置情况和配置过程，是研究无线网络基站资源时序静态配置情况和动态发展过程，进而解决在不同的时间序列上无线网络基站投资使用数量的问题。

（2）空间配置。从空间维度分析无线网络基站资源配置问题，就是研究无线网络基站资源在空间上的配置静态情况和空间演化特征，主要包括对无线网络基站资源配置在空间分布情况的研究和合理地进行空间维度资源配置管理。

（3）分公司配置。从企业公司维度分析无线网络基站资源配置问题，就是研究不同分公司无线网络基站资源配置效率特征，是研究无线网络基站资源在不同区域电信分公司之间的优化配置。

对无线网络基站资源配置的时间、空间和分公司配置的研究不是相互独立的，而是彼此交叉存在的。在同一时间点的资源配置同时包含空间上的配置情况和不同企业分公司间的配置状况。

第三节　电信业基站资源配置理论基础

一、规模经济理论

1. 规模经济的概念

经济学的基本理论之一就是规模经济理论，它同时也是现代企业理论所研究的重要范畴。规模经济理论是指在一定时期内单位成本的下降，这意味着企业在一定时期内企业产品的绝对数量增加时，企业规模的扩张可以降低平均成本，增加利润水平（叶华光，2009）。规模经济理论起源于美国，揭示了大规模生产的经济规模。经济学家马歇尔在《经济学原理》中指出大规模生产会导致最明显的经济效益（周昌福，2008）。同时马歇尔还阐述了规模经济形成的途径，包括外部规模经济和内部规模经济，内部规模经济是指企业通过合理有效地利用资源和提高经营效率而实现的规模经济；外部规模经济是通过企业间的合理分工和有效的区域布局而形成的规模经济。另外马歇尔还揭示了规模经济报酬三个阶段不同的变化规律，就是企业随着生产规模的不断扩大而依次会经历三个阶段，分别是规模报酬递增、规模报酬不变和规模报酬递减。

经济学理论中的规模经济（Economic of Scale）是指在一定科技水平下，生产规模的扩大使长期成本曲线呈下降趋势，是指在一特定时期内，随着企业产品增加，企业单位成本就会下降，也就是通过扩大企业经营规模可以降低平均生产成本，提高企业利润率（崔立新，2011）。按照《新帕尔格拉夫经济学大词典》的解释，规模经济反映生产要素集中程度和经济效益之间的关系，也就是说在预定的技术条件下，当生产某一产品的成本是变化的则存在规模经济效益（胡晓丹，2009）。规模经济会随着产品生产总量增加而单位成本下降，从而提高企业全要素生产率（金小芳等，2011）。

规模不经济（Diseconomies of Scale）是指随着生产规模扩大，企业长期平均成本递增，而导致边际效益下降，甚至跌破零成为负值（杜新明，2012），其原因可能是规模扩大导致内部结构复杂引起企业管理效率降低和外界环境的恶化，而导致企业消耗更多内部资源，最终消减了企业生产规模扩大应达到的经济收益（金小芳等，2011）。规模是否经济可以用图 2-1 来表示。

SAC（Short-term Average Cost）为短期平均成本，曲线 SAC_1、

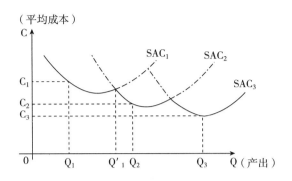

图 2-1 规模经济概念

SAC$_2$ 和 SAC$_3$ 分别是三条短期平均成本曲线。从图 2-1 可以看出，随着成本的下降，单位成本产出经过曲线的最低点后反而会增加，生产总成本曲线和平均成本曲线的交点就是理想规模，在达到交点以前，规模越大产出越大，也可以成为规模经济阶段，超过理想规模以后，规模越大越不经济。规模经济在超过某一点之后并没有迅速发生逆转，因此最佳规模是一个区间，这个区间被称作适度规模区间（张家萃，2006）。

规模收益存在规模递增、规模递减和规模不变三种情况。随着产出总量的不断增加，根据单产品产出成本的变化情况可以发现规模和效率之间的变化关系，也就是平均成本和边际成本的大小关系，进而得出规模收益所处的状态，其示意图如图 2-2 所示。

从图 2-2 中可以看出，产出在 Q$_1$ 之前时，边际成本低于平均成本，这个阶段处于规模经济递增阶段；产出在 Q$_1$ 和 Q$_2$ 之间时，平均成本和边际成本相同，这个阶段处于规模收益不变阶段；在产出超过 Q$_2$ 以后，平均成本低于边际成本，这个阶段处于规模收益递减阶段。

网络规模经济效率（Scale Effency）是讨论电信企业无线网络基站资源是否在最高效率状态下提供通信服务，即通信企业在发展过程中：

当产出增长率大于网络规模增长率时，表明通信企业基站规模正处于规模效率递增状态，通过扩大规模，可提高产出水平实现更有效率的运营（Increase Return for Seale，IRS）。

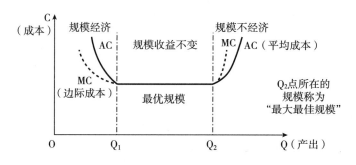

图 2-2 规模收益情况

当产出增长率小于基站规模增长率时，表明电信企业无线网络正处于规模效率递减状态，此时扩大规模将会使生产效率进一步降低（Dearease Return for Scale，DRS）。

当产出增加与无线网络基站数量增加成同比例变化时，表明电信企业无线网络正处于规模效率不变状态（Constant Return for Seale，CRS）。

西方经济学家主要用内在经济与外在经济的概念来解释规模经济变化。内在经济是指当生产规模扩大时，由企业内部的原因所引起的收益增加（郭宁，2005）。例如，使用更加先进的技术、综合利用副产品和原材料、相对减少管理人员、降低生产费用等。引起内在经济的原因主要有：

（1）技术方面。由于机器设备等生产要素有其不可分割性，生产规模较小时不能充分发挥大型或先进设备效用，使用大型更先进的设备来大幅度地提高产量。

（2）专业化分工。亚当·斯密提出分工可以提高效率，规模越大分工必然更详细，实行专业化生产，进而提高工人技术水平和生产效率。有研究表明，企业提高技术专业化水平和销售专业化水平能够提高规模经济水平。

（3）管理方面。规模生产需要合理配备管理人员，生产规模不足时，管理资源存在浪费，而大规模生产可以充分利用管理资源，从而提高管理效率（张振洲，1994）。

（4）采购方面。大规模生产要素种类和产量均较多，通信企业在生产要素与移动通信服务市场上具有垄断地位，价格谈判处于优势，可通过大批量采购原材料降低成本，并且可以主导通信产品服务价格。

（5）财务方面。能够从银行获得低息贷款，并可以多渠道融资，为生产提供更多生产资金，也能承担更大的经营风险。

（6）技术创新。技术创新是提高通信企业基站生产率的关键，大部分电信运营商企业具有雄厚的人力与财力，进而形成更强的技术创新能力。

但是如果生产规模过大则会由自身内部引起收益的减少，这就是内在不经济。例如，会引起管理不便，费用增高，效益降低等。引起内在不经济的原因主要是：一方面，管理效率降低，生产规模过大会使机构过于庞大使管理上出现各种缺陷，同时外部环境适应能力降低，最终使收益反而减少（凌茹，2013）；另一方面，生产要素价格与销售费用增长，生产要素供给并不是无限的，生产规模会增加对生产要素的需求，促使其价格上升。同时，由于产品和服务数量提升会导致营销困难，增加营销费用。

外在经济是指整个行业规模扩大给个别生产系统带来的收益增加（于良春等，2003）。例如，由于整个电信行业服务规模的扩大，使部分通信运营商在人才成本、技术服务和设备购置等方面成本下降，从而获得较高收益。与外在经济相对的是外在不经济，是指由于整个行业产出规模的扩大，给个别通信运营商带来损失，如引起竞争激烈，网络使用率下降等。

由以上分析可以看出，无线网络基站资源配置规模的扩大，既会带来好处，也会引起不利的影响。在长期经营期内，电信企业要调整各种生产要素，实现网络基站适度规模。

2. 规模经济理论的发展

（1）古典经济学。古典经济学的规模经济理论来源于亚当·斯密的《国富论》，它一方面对企业规模进行了探讨，另一方面阐述了社会分工和专业化而产生的规模报酬递增的情况，他还提出企业扩大生产规模的同时应该相应采取专业化技术的实施，专业化技术的实施要求社会分工细化，从而也就带来企业规模效益递增，导致企业规模再扩大（吴涛，2011）。

（2）马克思主义政治经济学。马克思对规模经济理论进行研究，形成了传统规模经济理论的一个分支。他在《资本论》中指出社会生产力的发展必须以大规模生产和协作为基础。马克思提出生产的技术手段决定企业生产规模，因为相互协作可以提高劳动生产率并节约生产成本，所以企业规模和生产效率存在相关关系；另外指出企业规模会出现无限扩大进而垄断整个产业的发展趋势，限制企业无限制扩大规模的主要因素是资本与生产资料的集中程度和技术因素（施成杰，2012）。马克思提出大规模生产是世界工业发展的必由之路，也是提高劳动生产率的合理途径，只有实行大规模生产才能实现节约生产资料（金小芳等，2011）。马克思同时还指出，生产规模扩大的主要目的是为了实现产供销的联合、资本扩张和有效降低生产成本。

（3）新古典经济学派。新古典经济学派理论是运用成本函数和生产函数理论，从企业生产的边际成本出发研究企业规模，提出在企业利润最大化的情况下，仅在边际成本等于边际收益时企业的规模才达到最佳规模（季玉峰，2007）。新古典经济学派规模经济理论主要代表人物是马歇尔（Alfred Marshall），马歇尔规模经济理论也是真正意义的规模经济理论。马歇尔规模经济理论提出了规模经济形成的两种途径：第一种途径是内部规模经济，也就是通过资源的充分利用和经营效率的提高而产生的规模经济；第二种途径是外部规模经济，也就是通过企业之间的合理分工与合理区域布局而产生的规模经济。马歇尔不仅提出了内部规模经济和外部规模经济，同时还发现了规模经济规模收益的变换规律，马歇尔研究指出规模报酬随着生产规模的不断扩大会经历三个阶段，分别是规模报酬增加、规模报酬不变和规模报酬递减（金小芳等，

2011）。除此之外，马歇尔还发现企业不断扩大生产规模会带来市场垄断问题，从而破坏市场价格的机制作用，这就是著名的马歇尔冲突。马歇尔冲突研究指出自由竞争会带来生产规模的不断扩大，从而形成规模经济，在可以提高产品市场占有率的同时，又会在一定程度上形成市场垄断，当垄断发展到一定程度又会不利于市场竞争的发展，就会导致资源配置不合理。

这一发现说明企业规模无限制地扩大所形成的垄断组织将使市场不再是"完全竞争市场"。"马歇尔冲突"适用于电信业和银行业等收益递增（成本递减）的行业，英国经济学家罗宾逊和美国经济学家张伯伦通过对马歇尔冲突理论的研究，以此为基础提出了"垄断竞争"理论，补充了规模经济理论（顾宇，2004）。

（1）交易成本理论。该理论是由科斯提出的，从交易成本理论角度出发，科斯解释了企业规模经济，为企业规模效益理论研究做出了突出的贡献。交易成本的概念是企业为扩大规模而进行协商、达成契约，以及保证契约履行等行为均需支付成本。随着企业生产规模的不断扩大，企业用于交易的费用增加和管理成本的递增，从而企业效益出现递减。科斯研究指出以价格机制为导向，企业进行交易要支付交易费用，也就是交易成本，它包括进行市场信息收集所需要的成本，同时还包括签约管理的成本等，在企业内部管理的费用和交易成本节约的费用相等时，企业才会停止规模扩张（程香，2015）。科斯提出的交易成本理论揭示了企业内部管理对企业规模经济的影响，即在企业生产条件相同的情况下，企业管理成本随着企业组织管理水平的提高而减少，同时也可以有效影响企业规模扩展程度。由此可见，交易成本理论有效地促进了规模经济理论的发展，也是现代企业发展理论的核心。

（2）规模经济效率理论。美国经济学家萨缪尔森在其著作《经济学》中指出："生产在企业里进行的原因在于效率通常要求大规模的生产、筹集巨额资金以及对正在进行的活动实行细致的管理与监督。"传统成本理论指出企业生产成本的大规模经济功能随着企业规模的不断扩大而不断降低，达到适度规模后生产规模经济功能趋于平稳，适度规模之后企业规模继续扩大将会带来生产成本增加，进入企业规模不经济阶段。美国哈佛大学来宾斯坦教授通过大量研究提出了规模效率理论，他的研究指出大规模企业多会出现相对机构臃肿、管理层级较多等问题，很难实现生产费用最小化，也很难实现利润最大化，致使企业资源配置效率较低。

二、资源配置理论

1. 资源的含义与特征

资源是指那些能够创造物质财富的自然存在物，如土地资源、矿产资源、能源资源、水资源、人力资源等（赵筱媛，2005）。具体包括：①自然资源，如土地、森林、矿藏、河流、野生动植物等；②劳动力资源，即人的智力和体力的总和；③人类制造的资源，如生产工具、机器设备、厂房建筑等。资源具有以下几个方面的特点：

（1）稀缺性。资源在一定的时期，它的数量相对于需求而言是不足的。资源的这种不足性也就是稀缺性是资源的重要特征。资源在一定的时间段内总是有限的，土地、森林、海洋和矿产资源等都是有限的。虽然人们可以通过科技进步与发展和生产力的不断提高等方式扩大人力利用资源的数量和范围，但同时人类的需求也是无限的。

（2）整体性。人类世界中的资源总是相互依存和制约，从而构成资源生态系统，特别是自然资源的相互依存更强，一种资源的数量发生变化会引起相关资源的变化，甚至较多的资源发生变化。资源的系统性和整体性要求人们必须科学地利用资源，使有限的资源发挥更大的效用。

（3）地域性。资源在地域上的分布特性也就是资源的区域性，资源在不同的区域分布是存在不均衡的，资源优势也会因为区域而异。由于资源本身的地域性特点，人们在发展建设过程中应扬长避短、因地制宜充分利用区域的资源优势，来获得最大的经济效益和社会效益。

（4）多用性。一种资源可以满足多方面的需求，有多种用途，多个行业或单位对一种资源都有需求；同一行业的不同单位对一种资源有相同需求。由于资源的这种多用性，资源管理部门就需要对资源进行合理配置。在满足不同行业和不同经济单位需求的同时，还要考虑利用有限的资源实现更大的投入产出效益，实现资源的有效利用。

由于资源具有稀缺性、整体性、地域性和多用性，决定了人类必须进行合理的资源配置，从而使资源在满足需求的同时被有效利用。

2. 资源配置的经济学含义与特征

资源配置是指各种资源在经济活动中不同使用方之间的分配，包括人力资源、物力资源和财力资源的分配，为最大限度地减少宏观经济浪费，为实现社会福利的最大化，实现现代技术成果和各投入要素的有机结合。在资源有限的条件下，研究如何有效地将各种资源合理配置在各种经济活动应用中，合理进行资源配置的研究是一种非常必要的研究，从而实现有限的资源生产更多的社会需求的产品和服务（厉以宁，1993）。

资源配置的主要经济学特征为时间特征、空间特征和数量特征（叶晓燕，2004）。

（1）资源配置的时间特征。资源配置以时间为轴进行，时间本身就是不可再生资源，它和其他资源一起决定资源配置状况，另外其他资源也有时间的属性，具有时间价值，这是资源经济分析中的重要特征，由于时间是资源，资源有时间属性，所以在不同的时间点使用相同的资源，所得到的收益可能也是不相同的。在进行资源配置过程中，为了合理地进行资源配置要充分考虑时间资源本身和资源的时间属性，在不同的技术、不同的时间使用等量的资源，其最后得到的收益是不同的。在资源有效配置过程中，要充分考虑资源的时间价值，在计算资源配置效率时，也要考虑时间价值从而进行修正。

（2）资源配置的空间特征。资源配置的空间特征包括同一种资源在不同区间的配置和不同的资源在同一空间区域的配置问题。不同区域空间的相同资源配置和不同资源相同区域空间配置的含义和侧重点不同，不同区域空间的相同资源配置侧重于稀缺资源的有效控制和配置，最大限度地发挥资源效用，而相同区域不同资源的配置问题侧重于为达到预期生产目的所需的资源分配，在于如何合理地组织和调配不同资源从而实现产出最大化。

（3）资源配置的数量特征。资源配置的总量和增量是资源配置的数量特征，资源配置效率情况会受到平均成本和经济效益的影响，同时还和资源使用的增量相关。规模经济中指出增加资源的投入会带来规模收益的增加，然后进入规模收益不变的阶段，再增加资源的投入会导致规模收益递减，所以研究资源配置时研究资源总量的同时也要考虑资源的增量，这就是边际效益理论。在资源配置研究过程中进行总量、增量和产出的相互关系的研究，才能实现合理的资源配置。

资源配置的时间特征、空间特征和数量特征三个方面不是完全独立的，而是相互影响、相辅相成的。在不同的时间点，同一种资源在同一产业的投入产出也会不同；同样情况下，在相同的时间点，不同的资源在同种产业的投入数量不同，也会导致增量和产出之间的变化。所以，在资源配置的过程中要综合全面考虑资源配置时间、空间和数量三个方面的特征。

3. 资源配置的方式

社会资源的配置是通过一定的经济机制实现的。经济机制主要包括动力机制、信息机制和决策机制。动力机制，实现最高效益是资源配置的目标，资源在不同的经济实体配置中实现不同主体的利益，这就形成了资源配置的动力，也就是资源配置的动力机制。为了制定合理资源配置方案，需要全面地收集相关信息，而信息的收集、分析和研究是通过一定的渠道和机制实现的，如信息传递可以是纵向的或横向的，这种机制就是信息机制。决策机制，资源配置决策权有集中和分散两种情况，集中和分散决策权的权利体系的权利制约关系也不相同，从而形成多种资源配置决策机制。资源配置理论将决策机制分为计划配置方式和市场配置方式。

计划资源配置方式是根据马克思主义创始人的设想形成的，生产资料在社会主义社会属于全社会，不存在商品货币关系，资源配置主要依靠计划的形式，配置主体根据社会需要来统筹分配资源，也就是全社会统一计划规划进行资源配置。中华人民共和国成立初期也是按照计划资源配置的方式进行资源配置。实现国家整体利益是计划资源配置的总体目标，资源配置决策权集中在配置主体国家手中，资源自上而下流动。在一定的历史条件下，计划资源配置方式可以统一资源配置提高整体利益，有利于协调国家经济发展，聚焦资源完成国家重点项目。但是计划资源配置情况下，市场调节处于停滞地位，在一定程度上导致资源配置效率偏低，资源闲置或浪费。

市场资源配置方式起源于资本主义制度，在资本主义制度下，生产力得到较大发展，产品和资源都商品化，产品种类多样化，产品数量增加，市场对资源配置作用逐渐增大，资源配置的主体是企业，企业根据市场供求关系进行资源配置，市场资源配置是资本主义制度的主要资源配置方式。社会经济活动中，企业及时获得供求和市场变化等信息，市场资源配置方式根据市场供求信息变化进行资源配置，使企业在竞争过程中实现资源的合理配置。追求企业自身利益最大化是市场资源配置的动力机制，市场供求和供求变化等信息是在企业间横向流动的。市场资源配置方式可以提高企业资源配置效益，但也存在缺陷，如这种资源配置具有一定的盲目性和滞后性，可能会形成社会供求关系不平衡和产业结构不合理等不利于资源有效利用的现象。

三、能源经济学理论

能源是人类社会赖以生存和发展的重要物质基础。能源的大量开发和利用，是导致环境污染和气候异常的主要原因之一。在宏观的科学研究层面上，能源问题归根结底是发展问题，但在很大程度上却是经济问题。尽管中国可再生能源资源和化石能源资源较为丰富，但由于中国人口众多，人均能源资源拥有量较低，其中，水力资源和煤炭人均拥有量仅为世界平均水平的百分之五十，天然气、石油人均资源量相当于世界平均水平的十五分之一左右。不论是与中国自身历史相比，还是与其他国家比较，当前中国的能源经济形势都显得更为紧迫，能源发展遭遇前所未有的挑战。

能源作为能量，在热力学中有第零定律、第一定律、第二定律和第三定律，这些定律对于认识能源的自然属性具有重要意义。然而应对复杂的能源经济系统问题不仅需要工程技术科学、自然科学以及大量的实践经验，还需要现代经济学思想、方法和理论的指导。

能源经济学的起源可以追溯到经济学界对自然资源可耗竭的关注。1973 年，第一次石油危机爆发，带动能源经济学的兴起。能源经济学作为经济学的一个分支，与其他经济学分支有着密切联系。宏观经济学理论、现代微观经济学是能源经济学研究的基础，化石能源开发和利用导致严重的环境问题、碳排放问题以及生态恶化，环境经济学、资源经济学与能源经济学存在一定交叉性。尤其随着气候变化和环境恶化，政府部门和学术界越发关注传统化石能源所引致的外部性问题，如火力发电站以及其他工厂燃烧化石能源所排放的 CO_2、公路与机场噪声污染和汽车尾气等，其中由于含碳能源消耗产生的温室气体 CO_2 的排放已经成为亟待解决的全球问题。

当前，能源贫困问题突出、能源投资周期长风险大、能源定价两难、能源市场脆弱、能源资源分布不均衡、化石能源资源储量不足和能源利用导致碳排放等都是人类正在面临的能源挑战问题，这些能源挑战单单依靠能源工程技术和能源自然科学不足以解决，还需要应用能源经济学进行进一步研究。中国的能源经济学理论相比欧美发达国家起步较晚，中国处于计划经济体制时，能源研究重点在于各种类型能源的供给和使用，主要局限于技术层面，确立市场经济体制之后，中国能源经济理论才得以发展和完善。最近几年，随着中国能源外部性问题凸显，国内研究学者和有关部门开始重视能源经济学理论研究。

1. 低碳经济学理论

近 100 多年来，全球平均气温经历了"冷—暖—冷—暖"的波动，平均温度呈现上升趋势，全球变暖的现实问题不断向世界各国敲响警钟。能源枯竭和全球气候变暖成为短期内不可逆转并制约人类发展的重大问题，人类并不能停止追求经济进步以及实现人类社会可持续发展，在这主、客观因素的推动下，各界都开始反思当今的经济发展模式，低碳经济由此出现。低碳经济是将生态环境保护和经济社会发展高效、有机结合的一种经济发展形态。

2003 年英国能源白皮书——《我们能源的未来：创建低碳经济》中首次出现低碳经济的概念，具体内涵是指秉承可持续发展的理论，通过环境管制、低碳技术、新能源开发和产业优化等多种手段，尽量减少以煤为主的高碳能源资源的消耗，进而使 CO_2 等温室气体排放总量降低，这也是摒弃先污染后治理、先粗放后集约、先低端后高端发展模式的有效途径，达到生态环境保护和经济社会发展双赢的一种经济形态。低碳经济实质上依然是一种发展经济的形式，是通过改善能源结构、提高能源利用效率，发展低碳服务、产品和技术，在降低温室气体排放量的同时实现经济稳步增长。总体而言，与传统经济发展模式相比，低碳经济模式实现了经济发展方式、发展目标和发展方向的重要转变，低碳经济一为发展、二为减排，一是单位产出所需要的能源消耗不断下降，即能源利用效率有所提升，二是能源消费的碳排放比重不断下降，即能源结构清洁化。低碳经济发展模式就是以"三高三低"（高效益、高效率、高效能、低能耗、低污染、低排放）为基础，以碳中和技术作为发展方法，以实施节能减排为发展手段的绿色经济发展模式。低碳管理、低碳市场、低碳产业、低碳能源和低碳技术则是低碳经济的基本构成要素。

人类活动特别是工业化进程对全球气候产生了深远的影响，在人类使用化石能源的过程中对技术的要求越来越严格，相对应的经济成本也越来越高。所以，发达国家将应对气候变暖的重点研发项目放在电动汽车、可再生能源的开发利用等领域，中国作为发展中的大国，正处于城镇化、工业化发展的关键时期，能源结构以碳为主，CO_2减排难度较大，生态环境脆弱，资源短缺严重，消除贫困压力巨大。在此背景下，成为有担当的大国，为了应对气候变化大幅度降低CO_2排放量发展低碳经济已是大势所趋。综上所述，低碳经济发展的终极目标是实现经济稳步增长，与此同时通过多种渠道和不同方法最大幅度地减少CO_2排放，所以CO_2作为碳排放效率的非期望产出，反映出低碳经济为提升地方碳排放效率提供重要的理论基础。

2. 环境经济学理论

在发展的早期阶段，环境问题并不像现在这样突出，人类对环境问题造成的危害性也明显认识不足。对经济发展与环境的关系存在一种片面的看法，即认为环境恶化是经济发展必须要付出的代价，否则经济就难以发展，但是发展的实践表明，环境污染和退化不仅对人类生活和生产导致的危害愈发明显，而且威胁到人类的生存，也制约着经济增长，人类开始重新思考环境与发展的关系，它们之间不完全是此消彼长、此长彼消、权衡取舍的问题，而是一种相互促进、相互影响的关系。工业革命之前，环境资源较为丰富，人类社会的总需求量却不高，对自然环境的改造能力受限，能源利用和技术水平较低，CO_2排放量不多。工业革命之后，能源消耗量急剧增加，依然以不可再生能源为主，在生活和生产中排放大量的CO_2，引发全球气候异常，因此环境经济学所关注的重要环境问题中就涵盖了CO_2排放导致全球变暖的问题。

20世纪60年代，环境经济学作为一门分支学科进入大众的视野，彻底突破和修正传统经济学的局限和偏误，是经济科学与环境科学的交叉学科，是两者发展到一定阶段后相互融合的产物，即通过采用传统的经济学原理和方法研究人类社会—环境系统的发生过程、作用机制及影响机理。一方面，美国环境经济学界的著名专家在总结环境经济学演变与发展趋势时强调，随着各国制定和实施可持续发展战略，现实需求中的政策问题将推动环境经济学的不断发展，使得环境经济学研究内容逐渐丰富和完善。另一方面，伴随着主流经济学的发展，环境经济学从中不断汲取养料，参考其最新的分析方法和理论工具，以促进自身学科体系的进一步发展。近十年来，运用产业组织理论研究不完全竞争市场中的环境政策工具有效性问题、博弈论分析全球环境问题中的斗争和合作以及新贸易理论解释环境对产品国际竞争力的影响等领域均取得突破性进展。

经济学家意识到正是因为传统经济学理论没有考虑"外部不经济性"，即在生产成本中，没有将污染排放物的处理费用计算在内，而是以牺牲环境质量为代价来获取高额利润，导致环境污染和破坏。所以，环境经济学的研究任务主要是寻求以最小的环境代价实现经济发展的最佳路径；寻求实现社会经济再生产过程良性循环和自然再生产过程良性循环，促进经济与环境协调发展的最佳方案。核心内容涵盖以下几个方面：一是对资源稀缺性的经济度量，即经济价格由资源稀缺性的程度来决定，通过资源租金、资金开发费用以及资源产品价格三种机制可以对资源稀缺性进行初步判定。二是经济效率理论，追求生产处于一种完美均衡的状态，强调经济发展中实现帕累托最优的重要性。三是环境污染的外部性理论，环境经济学探究由于环境污染导致的外部不经济问题，此问题会引发资源配置不合理以及市场机制失灵，但可以通过征收污染税、明确产权等方式使得环境污染的外部不经济"内部化"进行有效化解。四是意愿调查法，通过对个人和主管的问卷调查，直接获得保护或者人为使用某种给定的环境服务或物品而自愿付出的最大货币值。五是价值评估方法，利用相应的技术手段，以一定的标准作为依据，衡量环境资产所提供的服务与物品的机制，准确地评估环境资产价值能够把握经济活动中产生的收益和消耗的成本，在综合决策过程中还可以将其作为重要的参考。

不可否认的是，环境经济学理论的贡献不单纯是指导和解决人类社会发展过程中遇到的环境问题，关键是为人类社会发展勾勒一个全新的画面，让大众逐渐了解并明白人类发展不能超越自然环境，以牺牲自然环境为代价的发展是不可取的。但环境问题的空间维度通常被环境经济学家所忽略,特别是跨学科背景下,学者们逐渐发现这一领域存在大量的空间值得探究,空间模型在生态学、地理学和自然科学的研究中是相当普遍的,与空间有关的环境问题如工业污染、地理位置选择以及城市环境等领域将成为未来研究的重点。显然,环境经济学中涉及较多的分析方法来描述、分析与预测某一问题的经济—环境特性,构建的模型往往具有不同的技术结构(静态或动态,线性或非线性),譬如废气排放与噪声、工业环境、交通运输和地理位置等相互关联,在实际的分析中要综合考虑运用各种方法达到研究目的。

第四节　研究理论框架

为了提高无线网络基站资源配置效率,合理地进行无线网络基站资源配置,本书研究网络基站资源配置效率的时空演化特征,同时研究合理配置基站规模的影响因素。通过本书的研究可以优化已投入运行的基站资源配置,同时可以根据基站规模配置的影响因素的研究结果,合理分配基站资源后续投入。

本书研究首先优化设计了基站资源配置效率分析模型,考虑决策者投入产出指标的决策偏好因素,同时缓解 SBM 传统模型的缺陷,设计 RWSBM 投影值约束加权 SBM 模型;通过专家咨询法和文献法构建了基站资源配置效率投入产出评价指标体系;构建全局参比 Malmquist 指数模型,研究基站配置效率时空动态特征。实证分析山东某电信运营商基站资源配置效率特征。其次进行基站配置规模影响因素研究,通过专家咨询法构建基站规模影响因素指标体系,建立影响因素结构方程模型,以无线网络基站规模为因变量,以自然因素、社会因素等六类影响因素作为测量变量建模,在定性研究的基础上,定量研究无线网络基站数量规模的主要影响因素、影响程度及其相互关系。本书设计基站配置效率特征和基站配置规模的影响因素研究理论框架如图2-3所示。

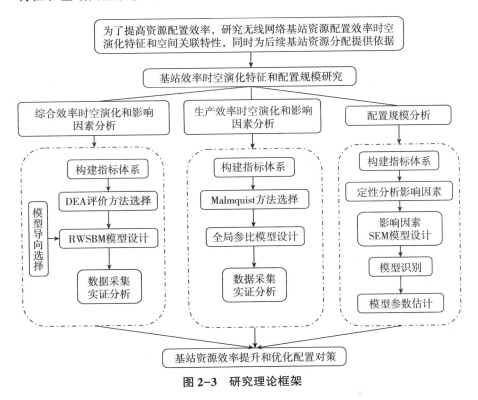

图 2-3 研究理论框架

本章小结

本章首先界定了基站相关概念和网络结构的基础介绍，其次阐述本书研究相关的资源配置理论基础，包括资源配置的经济含义和特征、资源配置的理论发展以及资源配置的方式和基本原则，阐述了本书研究所需要的规模经济理论，为其后续章节对基站资源配置效率和规模影响的研究提供理论基础和依据。

基站资源配置的测度基础分析

第一节　资源优化配置方式分类和原则

一、资源配置方式分类

从经济学的角度，我们可以将资源配置的方式归结为三个基本的要素：资源配置的决策机制、资源配置的信息机制、资源配置的动力机制。

（1）资源配置的决策机制。决策机制是指资源配置的决策权的性质、来源及其在社会成员中的分配，其中最重要的是决策权的分配，即由什么人做什么决策——决策的集权或分权及其程度。一个组织的中央集权程度反映的是上级对下级决策权的控制程度。控制的程度取决于两方面：其一，受上级控制和决定的数量和相对重要性；其二，上级行使权力的形式，包括是否力图改变下级的目标函数，是否影响下级的任何决定及其产生的后果。在市场经济条件下，经济实体决策是分散的，生产什么、怎样生产、如何配置生产要素，都是由众多的单个企业通过市场在交换中决定的。生产者对资源的使用有充分自由的选择权力。它们这种选择的目的或动力的来源是对利润直接的追求。

（2）资源配置的信息机制。信息机制包括收集、传导、处理、储存、取出和分析经济数据的机制和渠道。我们可以假定一种十分理想的状态：每个决策当事人始终能完全确定地知道他面临的一切可供选择的行为或行动，以及制约他们行动后果的外部条件，这些当事人在一个完善的信息系统中行事。事实上，决策权集中的程度和实施决策所用工具的性质会决定所需信息的规模和类型。信息机制中一个关键性的问题是信息流的方向。信息流可以是纵向的（在不同等级的上下级之间），也可以是横向的（在同一等级或没有等级关系的两个当事人、同级机构或单位之间）。在市场经济条件下，信息流的主要方向是横向的，彼此没有直接决策权力的单位之间通过数量、价格的信号相互交换，从而实现资源的流动。经济实体根据这些信息，不断调整自己的决策，最终达到全社会产品的资源平衡，实现资源的配置。

（3）资源配置的动力机制。动力机制的实质是当事人能够借以贯彻自己决策的机制，即他们能使其他当事人服从自己愿望的方法。事实上，任何经济单位或当事人行为的动力，都来源于精神或物质方面需求的满足，而行动的可能范围，还依赖于环境给予的限制。因此，一般的当事人都有一种在闲置的范围内追求最大的精神或物质利益的倾向，这种倾向导致其生产、交换、消费、分配的具体决策，从而达到资源配置的格局。在市场经济条件下，资源配置的主导力量以企业为主体，企业的行动选择自由度很大，动力的主要来源是对物质利益的追求。

二、资源优化配置的基本原则

资源优化配置应分为生产资源的优化配置和消费资源的优化配置，基于本书的研究重点和目的性，主要考究生产资源优化配置对于商品住宅建筑策划的影响与作用，以下所研究的资源配置问题特指生产资源配置问题。

（1）资源配置的有效性。探讨资源配置的有效性问题，可以从宏观经济、行业（或部门）和企业三方面来理解。在宏观经济意义上是指在合理的经济机制作用下，实现资源在全社会的最合理的分配，使资源的效用得到最大限度的发挥，并通过生产活动的合理组织获得全社会产出的最大化。所谓生产产出的最大化是指通过生产活动的合理组织使技术水平得以充分发挥、生产者和经营者的积极性得以充分的调动，从而使生产资源的效用得到有效利用，实现满足社会需要的产出最大化。决定社会资源如何配置的工具是资源配置的社会机制，其中包括经济机制、法律机制和行政机制等。市场经济条件下的社会生产资源的有效配置是通过以市场机制为主的经济机制促使厂商利润最大化目标和社会经济目标保持最大限度的一致性来实现的。行业（或部门）生产资源的有效配置是指在特定的社会生产资源配置机制的作用下，生产资源在产业内部的合理分配。

企业（以盈利为目的）生产资源的有效配置是指在特定的经济环境与条件下，使获得的所需资源得到最大限度利用，实现利润最大化的资源配置状态。狭义上，厂商以投入成本最小化和产出收益的最大化为目标配置资源，但单纯的成本最小化和单纯的收益最大化并不能保证利润的最大化，只有在技术（包括生产技术和管理技术）水平充分发挥和规模经济的前提下把成本最小化和收益最大化有机地统一起来，才能真正实现利润的最大化。

在实际的经济活动中，由于技术水平很难达到或保持在最优的状态，生产调控与管理过程中投入品和产出品的可处置度往往受到主观与客观条件制约，价格的变化和特定技术条件使成本最小化和收益最大化难以维持，宏观上生产资源的有效配置往往和某些厂商的利润最大化要求相悖，长远发展目标常常会使短期生产处于资源低效配置状态，社会福利最大化要求资源公平分配模式和生产资源有效配置要求存在本质上的差别等原因，使资源有效配置状态和实际无效配置状态的差距普遍存在，也使衡量这种差距的研究，即生产资源配置有效程度的研究成为经济学实证研究领域的一个重要课题。

（2）资源优化配置的基本原则。投入产出分析，又称"部门平衡"

分析，或称"产业联系"分析，最早由美国经济学家瓦·列昂捷夫（W. Leontief）提出，主要通过编制投入产出表及建立相应的数学模型，反映经济系统各个部门（产业）之间的相互关系。自 20 世纪 60 年代以来，这种方法就被地理学家广泛地应用于区域产业构成分析、区域相互作用分析以及资源利用与环境保护研究等各个方面。在现代经济地理学中，投入产出分析方法是必不可少的方法之一。按照时间概念，可以分为静态投入产出模型和动态投入产出模型。静态投入产出模型，主要研究某一个时期各个产业部门之间的相互联系问题；按照不同的计量单位，可以分为实物型和价值型两种。实物型是按实物单位计量的；价值型是按货币单位计量的，这两种模型最能反映投入产出特征。动态投入产出模型：针对若干时期，研究再生产过程中各个产业部门之间的相互联系问题。

第二节　资源配置理论与无线基站规划的关系

一、资源的特征与无线基站网络的实质

资源是指那些能够创造物质财富的自然存在物，无线网络是人类制造的资源，也是资源，其特性主要表现在以下几个方面：

（1）稀缺性。无线网络的主要构成部分是网络基站，在企业的建设运营过程中，基站可以支配的总量是固定的、有限的。

（2）地域性。无线网络资源在地域上的分布是不均衡的，不同区域无线网络资源优势也不相同。因地制宜，扬长避短，取得最大的效益。同时，资源空间分布的不均匀性，导致不同区域资源组合和匹配都不一样，这就要求资源的开发利用和布局必须因地制宜。

（3）多用性。综上所述，无线网络也是一种人类制造的资源，无线网络规划首先是作为一种经济活动而存在的，是社会整体经济发展的

有效组成部分，其主要目的是为人们提供良好的生活条件，促进社会生产力的发展，无线网络规划从本质上是一种以综合满足用户的相关要求以及实现开发企业经济效益为目的的经济建设活动。

二、资源配置理论是无线网络运营发展的理论依据

既然无线网络运营规划的本质是经济建设活动，而经济学是研究资源配置理论的科学，那么无线网络规划运营应该遵循资源配置理论。

（1）无线网络规划运营与资源配置的时间特征。无线网络规划运营体现出资源配置的时间特征。完成一个无线网络规划建设，其最困难也是最复杂的是建立一个完整的时间流程，这也是项目成败的关键，是其他工作展开的前提条件，项目的资金运作、市场定位、网络优势、建造成本、销售计划等环节，都会随着时间的推移而产生变化，在这里，时间成为任何运营商网络规划的优先配置的不可再生的稀缺资源，尤其是在项目的初期，时间成本成为了衡量无线网络规划成功与否的一个重要指标。

（2）无线网络规划运营与资源配置的空间特征。无线网络的规划运营体现出资源配置的空间特征。从宏观上说，无线网络规划运营实际上是完成把社会的各种资源在时间上和空间上合理有效地分配给各个通信分公司，从而更好地满足人们通信需求，从微观上说，各运营商分公司的无线网络规划，实际上是通过对社会各种资源的最优化分配来达到其产出的最大化，这里产出的最大化包含两重含义：一是移动通信用户满意程度的最大化，二是社会产出经济效益的最大化。从原则上说，宏观和微观两个方面的社会目的是相同的，大多数情况下也的确如此。

（3）无线网络规划运营与资源配置的数量特征。无线网络规划运营的发展规律和历程告诉我们，对于无线网络规划而言，不能简单地追求其容量的最大化，因为移动通信无线网络是人们基本的生活条件，其衡量的标准除了经济效益外，还有使用者的评价，达到社会的综合效益的最大化。我们要充分考虑总量和增量与社会产出之间的关系，不能简

单地通过经济投入增加总量以期获得最大的经济效益。同时在生产过程中加入何种资源的投入才会获得最大的综合产出效用也是需要仔细研究的，即要考察不同种资源对于综合产出最大化效益的边际效用，从而确定资源的投入绝对数量与相对比例。

资源配置的方式与无线网络规划包含决策机制、信息机制与动力机制。①无线网络规划与资源配置的决策机制。无线网络规划中如何分配各种资源，主要是在市场经济的条件下，通过各个通信运营商根据市场交换的过程以及对利益最大化的追求决定的，资源管理部门如计划建设部会根据各个地市分公司的情况进行建设资源分配，网络运行部会根据各个地市分公司的情况进行维护费用的分配。同时无线网络规划是关系到国计民生的基础产业，所以政府部门出台了一系列相关的法律法规，来维护用户的基本权益和保障基本的健康生活条件，也出台了一系列相关的文件来对各种资源进行宏观调控，如三家运营商共建共享等，但这些还是基本遵循市场经济规律的。②无线网络规划与资源配置的信息机制。无线网络规划中，对于资源配置信息的依赖性很强，如何收集恰当的市场信息，辨别信息的使用价值，处理和分析这些信息，为无线网络规划的其他环节提供可靠的前提条件。无线网络规划的信息流主要是横向的，具有不对称性，通过区域市场上经济发展情况、地理地形情况和用户群的消费习惯等信息，进行相关资源配置的研究工作，并且根据市场反馈和网络质量测试，不断地进行无线网络优化配置的过程，最终达到资源的有效配置，形成区域范围内经济和社会效益最大化成果。③无线网络规划与资源配置的动力机制。无线网络规划在进行资源配置的过程中，通过前期策划、规划设计、市场营销、建设施工、网络测试优化等各个环节的决策，并且通过建立一套完整的工作模式来保证资源配置的合理化及其实施可行性，达到资源配置的合理格局，动力的主要机制依然是物质利益的追求。

第三节　资源配置理论对无线
基站网络规划的影响

一、资源配置理论确立了无线网络规划的目的

无线网络规划相对于广义的网络规划而言，需要从以下几个视角进行考虑：

第一，从规划理论角度：综合分析用户数、地形等相关的信息，通过科学的手段与方法进行设计问题提炼，并对要素进行合理利用，同时要尊重内、外部环境条件，确定合适的网络规模，提供网络覆盖合理、容量满足需求、干扰小、网络质量好的实际可行的概念设计，从而为下一步的设计工作做好基础工作，真正为使用者提供优质的移动通信服务网络。

第二，从通信运营商角度：无线网络规划的目的在于通过从技术角度的论证，确定无线网络建设项目的市场定位、用户需求和规模，并针对移动需求用户的情况进行相应的成本计算和市场分析，从而实现在无线网络运营中规避风险、获得最大利润的收益目标。当运营商自身条件和市场条件的综合分析不能提供强有力的决策依据时，对于无线网络建设的定位研究对无线网络规划方案的依赖程度会加大，无线网络规划为运营商企业决策提供的可行性方案的作用就显得十分重要了。

第三，从政府管理部门角度：政府管理部门一方面希望通过移动通信无线网络的建设给地方民众提供更好的服务，加快地方的信息化建设促进地方经济的发展，因而非常重视移动通信网络的建设；另一方面，无线网络基站建设会占用大量的土地资源，同时无线网络基站会有光波辐射，使得无线网络规划基站建设必须格外慎重，无线基站资源效率的提升也是提高社会整体效益的内容之一。同时，管理部门还要从社会公平原则

出发，考虑消费者的利益是否能得到有效的保障，因而从客户满意度等多方面对无线网络的规划建设进行较为严格的控制。管理部门的要求使得移动通信网络的规划建设不仅要考虑运营商本身的价值最大化的问题，同时还要把它放在城市环境的背景中进行综合的社会效益评估。

第四，从消费者角度：希望所使用的移动通信网络既能够提供比较好的语音通话质量和较快的上网速度，并能顺畅地进行日常网络应用。因此，无线网络规划必须仔细研究目标客户群的构成因素和特征以及对业务类型和内容的不同偏好，从而形成最合理的设计目标。在以往的网络规划之中，对这几方面的问题都会给予不同程度的考虑，但往往出现某一阶段只考虑某一方面问题的状态，从而导致了网络规划的片面性；当工作已经进入到下一阶段时才发现对某一方面因素考虑不足而造成了决策的失误，因而导致了工作的过多反复，浪费了大量的时间、精力和资金。

造成这种现象的原因主要在于，在无线网络规划建设过程中割裂地看待上述四个方面的问题，也就是说对影响因素的考察缺乏系统性的认识和理解。其实通过仔细的分析，我们可以发现，这四个方面因素所要解决的其实是一个问题，即资源的优化配置问题，其中的差异是它们所反映的只不过是资源优化配置过程在不同市场要素中的不同侧重。

第一，从网络规划设计人员角度讲，解决的是设备资源在网络规划建设过程中的合理分配，对这些资源分配的最优化配置的探求是解决无线网络质量和规模决策的根本。

第二，从通信运营角度来讲，考虑竞争和网络长期发展需求，兼顾网络投资效益，优先选择网络竞争力、投资效益双提升的区域；移动通信无线网络的结构、布局和配置根据指标要求进行统筹规划，移动通信网络建设充分利用现有网络资源。例如，现在运行网络条件不符合移动通信规划原则，优先考虑优化改造后再利用；不能优化改造，可考虑新建。移动通信网络建设坚持多运营商企业资源共建共享和节能减排原则，解决的是在生产资源分配过程中的资金、设备的投入比例配置、技术维护建设人员以及投入与产出之间的配置关系问题。例如，研究加强哪种资源的投入分配方式会给无线网络运营带来更多的回报问题，其过程实际上是探求某种资源的边际效益最大化的过程，因此无线网络规划中只有清晰地分析网络资源的边际效益状态才能解决投入方向的决策问题，即达到何种产出效果的决策，从而实现规避风险、追求利润最大化的目的。

第三，从政府部门角度讲，解决的是社会整体资源配置的优化问题，因而要求移动通信无线网络不能仅仅考虑自身追求资源最优配置的需要，还要考虑网络建成后对社会资源环境的反影响力，对人们生活水平提高的影响和对城市信息化发展的影响。政府管理目标要求从全社会的资源优化配置的目标出发，把移动通信无线网络建设当作社会整体资源的一部分来对待，从而尽量取得社会整体效益的最大化，促进当地城市的发展。

第四，从消费者角度来讲，消费的需要总是以充分享用与自己的投入价值相符的自然资源和社会资源、保证自己的合理权益为基准。反映在不同业务类型的特征上，数据业务需求旺盛的用户，希望提供高速数据业务，进而进行股票交易等网络应用，对资源的占有能力相对要强，尤其对稀缺的网络资源的占有欲望相对较高；而对局限在使用语音业务的用户而言，只需要无线移动通信网络提供优质的语音通话，较少使用信息化应用，对资源的占有欲望不高。

通过以上的分析我们可以看出，无线网络规划建设中的决策过程实际上是在寻求各种资源优化配置的平衡点，在其过程中，网络规划技术人员、通信运营商、政府部门和移动通信消费者由于所处地位和角度的不同，从不同的侧面反映出了对资源配置优化方案的期望。所以我们说，资源配置理论明确了移动通信无线网络规划的目标，从而保证了研究的全面性和一致性。

二、资源配置理论指导了无线网络规划过程

综上所述，无线网络规划技术设计人员是进行无线网络规划的主

体，其无线网络规划建设的程序与步骤如下：

第一，从行政区域划分、人口经济状况、无线覆盖目标、所需容量目标和网络质量目标等几个方面入手，收集无线网站点数据及地理信息数据，对用户数进行预测，并预测语音业务和数据流量等网络需求。

第二，通过覆盖和容量估算来确定网络建设的基本规模，在进行覆盖估算时首先应了解当地的传播模型，然后通过链路预算来确定不同区域的小区覆盖半径，从而估算出满足覆盖需求的基站数量，通过网络的覆盖估算、容量估算、时隙配置和站型配置的设计，确定无线网络的基本规模。

第三，根据前两步的结果，网络建设人员根据无线网络规划设计并完成仿真的方案进行网络建设，建设过程中技术人员依据自己的经验减少建设成本，缩短建设时长等；网络建设完成通过网络效益预测、经济预算评估和社会效益预测等对设计成果进行评估，结合市场研究检验其配置效率。

第四，评估完成，依据对网络质量和经济效益等的分析结果，进行无线网络的优化。

无线网络规划建设的流程和步骤，在实际的操作过程中是成熟的，各个步骤之间的递进关系明确而又一环套一环，便于操作、便于执行。但正是由于这种递进关系，下一步的工作有赖于上一步工作的正确性，所以每一步工作结论的可靠性就变得尤为重要，正可谓"一着棋错，满盘皆输"。在以往的无线网络规划建设过程中，网络设计人员往往是孤立的操作主体，所以仅从规划、通信技术理论的专业角度去思考问题，就带来了一定的片面性。如前所述，由于无线网络规划建设的目标实际上是资源的合理配置，而这种配置的实现除了涉及网络设计人员外，还有通信运营商、政府职能部门、移动通信用户等诸多方面市场要素的参与，所以应从资源配置的整体合理度这一更为广泛的视角去完成各环节的工作，主要关注规划设计、规划建设和规划评估三个环节的工作。

一是无线网络规划设计阶段，应通过对外部资源的整合和利用，确定假设目标，而这种对外部资源的配置不应仅根据网络设计的经验获得，而应通过科学的资源配置方法，进行科学的仿真分析，考察项目的外部资源偏好，确定合理的配置方案，同时要考虑社会的整体效益，即把项目本身作为社会资源的一部分，考虑项目建成后的社会整体资源配置的合理性；然后，应通过对内部资源的整合和利用，考察各种内部资源配置的合理程度，进一步明确假设目标。

二是无线网络规划建设阶段，由于各种资源边际效益的不同，平均分配肯定是不合理的，这时除了依赖于规划设计人员的经验外，重点应当考虑设备、资金等不同资源的利用效率，即如何分配配置比例，并且针对不同的配置方式，采用与之相对应的网络规划方法处理方案，从而争取实现各种资源的边际效用都趋向于最大化的状态，构建综合效益最佳的空间构想。

三是无线网络规划评估阶段，从网络规划设计人员角度进行网络质量分析，从通信运营商企业角度进行经济效益评估，从政府部门角度进行社会效益评估，从移动通信用户的角度进行产品评估，这些都可以依据资源配置的经济模型，给出相对量化的评估手段。

综上所述，资源配置理论对无线网络规划建设有着很强的指导意义，保证其每一个环节的全面性和正确性，从而使无线网络规划的结论更加具有实践价值。

三、加强了无线网络规划对网络建设运营的作用

移动通信无线网络的规划在无线网络建设运营中有着重要的地位与作用，如前所述，通信运营商移动通信无线网络运营的前期规划包括市场分析、市场定位、经济分析和营销策略等，实际上其各环节都与无线网络规划的内容相交叉，尤其是在网络质量这一环节，更是以无线网络规划为核心展开的，无线网络规划直接决定无线网络的网络质量。但由于无线网络规划的专业性，网络规划设计人员很容易陷入具体技术环节的探索，忽略了无线基站运营前期研究的根本目标。移动通信无线网络前期规划是市场需求分析、网络规模预算分析的过程，其主要工作是为决策者提供全面分析问题的依据，而专业化的问题需要在其后的工作中

重点解决。如果在这一阶段就陷入具体的专业讨论之中，则很难把握工作的整体性，如无线网络规划设计人员无限地追求网络的全覆盖和容量最大化等网络系统指标，而忽略了运营建设成本投资。当网络规划设计陷入具体的规划和设计的细节之中，则网络规划设计人员看待问题的角度就变了，对系统问题的失控将导致无线网络规划成为弱势环节。对于协调性要求很高的工作，弱势环节往往很难跟上整体步调的要求，因此必须跟在其他环节后面，以其他环节的工作成果作为自己的研究依据，丧失了研究的主动性和独立性。这一方面有助于其成果价值的实现，另一方面也导致了工作效率的低下。然而对于整体的前期策划而言，各环节研究的主动性与独立性才是其价值的真正所在，也是协作体系建立的基础。

由于资源配置问题是经济学的根本问题，而无线网络运营归根结底是社会化生产的组成部分，符合经济学的发展规律。因此，资源配置理论可以作为无线网络规划的根本指导思想，一方面它保证了各工作环节的目标一致性，从而使相互之间的沟通更为通畅；另一方面它也强调了各个环节的独立性和主动性，要求避免强势、弱势环节的出现而导致工作目标的偏差。在资源配置理论指导下的无线网络规划，考察问题的视角更为宽广，在发挥信息通信专业优势的同时，为无线网络规划建设运营中其他环节提供了很好的接口方式，因此资源配置理论对无线网络规划运营发挥着突出的作用。

第四节 基站网络规划的容量分析基础

一、无线网络容量规划影响因素

分时长期演进（Time Division Long Term Evolution，TD-LTE）系统

的容量由很多因素决定，首先是固定的配置和算法的性能，包括单扇区频点带宽、时隙配置方式、天线技术、频率使用方式、小区间干扰消除技术、资源调度算法等；其次是实际网络整体的信道环境和链路质量会影响 TD-LTE 网络的资源分配和调制编码方式选择，因此网络结构对 TD-LTE 的容量也有着至关重要的影响。

（1）单扇区频点带宽。TD-LTE 支持 1.4MHz、3MHz、5MHz、10MHz、15MHz、20MHz 带宽的灵活配置，显然采用更大的带宽，网络可用资源将更多，系统容量也将更大。

（2）时隙配置方式。TD-LTE 采取 TDD（时分双工）的双工方式，可以根据某地区上下行业务的不同比例，灵活配置上下行时隙配比，目前协议中定义了七种上下行时隙配置方式，这七种时隙配置方式中的特殊时隙又有九种方式可以选择，而选择不同的配置方式，其上下行吞吐量将会有明显的差异。

（3）天线技术。TD-LTE 采用了多天线技术，使网络可以根据实际网络需要及天线资源，实现单流分集、多流复用、复用与分集自适应、单流波束赋形、多流波束赋形等，这些技术的使用场景不同，但是都会在一定程度上影响用户容量。

（4）频率使用方式。分析显示 TD-LTE 网络可以同频组网，但单小区配置相同带宽的同频组网系统的容量性能会差于异频组网系统，因此在实际运营时，应综合考虑频率资源情况、容量需求等因素确定频率使用方式。

（5）小区间干扰消除技术。TD-LTE 系统由于 OFDMA 的特性，系统内的干扰主要来自于同频的其他小区。这些同频干扰将降低用户的信噪比，从而影响用户容量，因此干扰消除技术的效果将会影响系统整体容量及小区边缘用户速率。

（6）资源调度算法。TD-LTE 采用自适应调制编码方式，使网络能够根据信道质量的实时检测反馈，动态调整用户数据的编码方式以及占用的资源，从系统上做到性能最优。因此，TD-LTE 整体容量性能和资源调度算法的好坏密切相关，好的资源调度算法可以明显提升系统容量及用户速率。

（7）网络结构。TD-LTE 的用户吞吐量取决于用户所处环境的无线信道质量，小区吞吐量取决于小区整体的信道环境，而小区整体信道环境最关键影响因素是网络结构及小区覆盖半径。在 TD-LTE 规划时应比 2G/3G 系统更加关注网络结构，严格按照站距原则选择站址，避免选择高站及偏离蜂窝结构较大的站点。

二、基站容量规划设计

1. 容量规模流程设计

图 3-1 为容量规模估算系统，上下行小区负载都定义为 RB 使用率，给定目标小区负载和 ISD，估算输出小区平均吞吐率，结合话务模型，估算输出扇区服务用户数。

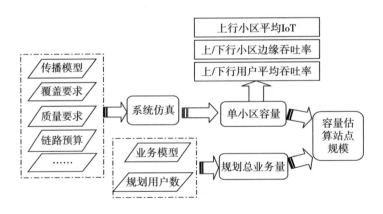

图 3-1　容量规模估算系统

2. 业务模型分析

业务类型数据流量如表 3-1 所示。

表 3-1 业务类型数据流量

业务类型	业务名称	下行带宽要求（kbps）	手机终端		卡类终端	
			业务比例	数据流量（kbps）	业务比例	数据流量（kbps）
音视频节目	手机视频节目流媒体（普通屏幕）	800	10%	80	—	—
视频通话	高清视频节目流媒体（大屏幕或手机投影仪）	1600	—	—	10%	160
	标清视频通话	800	10%	80	—	—
中高速上网	手机上网浏览	400	70%	280	—	—
	电脑的移动上网	1000	—	—	80%	800
视频监控	视频监控	64	—	—	10%	6.4
	家庭监控	800	10%	80	—	0
业务体验综合要求（kbps）		—		520		966.4
业务占空比		—		10%		20%
激活用户宽带业务综合模型（kbps）		—		55		193.2

3. 用户容量计算

并发用户数主要受调度信令和业务信道资源的影响，在 2 * 10MHz 带宽配置情况下，对称性业务（30kbps）的小区并发用户数约为 400 个，TD-LTE 的 20MHz 小区的并发用户容量为 320 个。非对称性业务的并发用户数与各业务保证速率有关，暂无相关测试数据。TD-LTE 实测并发用户容量如图 3-2 所示。

动态共享资源调度受限于上下行控制信道的可用资源数，以及硬件资源和处理能力。在 2 * 20MHz 带宽配置情况下，一般最大动态资源调度可支持的用户数约为 80 个/小区。3GPP 规范要求激活用户数达到 800 个/小区。

三、基站业务的分类

基站网络的典型业务主要包括 IP 语音业务、软件应用与游戏、移动社交网络服务、无线视频业务和移动电子商务五大类业务。

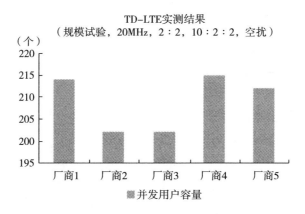

图 3-2　TD-LTE 实测并发用户容量

（1）IP 语音业务。LTE 网络中的语音业务是通过 IP 语音即 VOIP 来实现的，要求时延不能超过 150ms。LTE 在无线侧只引入了小于 10ms 的时延，相对 150ms 而言，完全可以满足这一时延要求。所以，基于 LTE 的 IP 语音通话质量将与基于电路交换的语音质量相同，甚至高于传统的电路交换语音业务质量。VOIP 语音业务的全面实现和广泛推广，对传统的电路交换业务的运营商而言是颠覆性的冲击。从统计来看，目前的语音业务渗透率也越来越高，话务量虽然仍在大幅增加，但业务收入和边际效应却在持续下降。LTE 是一个全 IP 的网络，一旦语音端口放开，随着各种聊天工具的兴起，传统通信运营商的语音业务收入大幅下滑，但语音业务收入仍然占着较重的比例，所以 LTE 网络依然需要发展语音业务。

（2）软件应用与游戏。对于下一代移动通信的主要发展方向而言，数据业务的发展已经成为全球运营商的共同目标。伦敦一家市场调研公司 Ovum 预测，2015 年全球移动数据业务收入将从 2010 年的 9068.2 亿美元增加到 1 万亿美元，增幅接近十个百分点。同时，2015 年全球移动语音业务收入却从 2010 年的 6633.6 亿美元降低至 6079.1 亿美元，下降接近 9 个百分点。软件应用和在线游戏及其他互动业务将是 LTE 网络的主要应用点，移动互联网业务将是 LTE 网络的主要盈利点。

LTE 网络的兴起与发展，数据业务的发展机遇与挑战并存。首先，网络扩容的压力很大，手机上网用户的增长使移动网络带宽面临严峻的考验，移动互联网应用大量消耗网络资源。其次，电信运营商在移动互联网时代面临更加激烈的竞争，虽然运营商能从数据业务发展中受益，但也面临网络投资回报率降低的巨大风险。同时，要在互联网下的业务创新中寻找新的位置和优势。

（3）移动社交网络服务（SNS）。近几年来，Myspace、Facebook、开心网等国内外 SNS 网站的成功运营，带动了国内社交网站的迅猛发展。移动社交网络网站集合了即时通信、语音聊天、食品、网络游戏、网络商店、微博等诸多内容。我国互联网用户访问 SNS 约 54% 的调查对象使用移动终端设备进行访问，学生群体中移动终端访问百分比达到31%，年龄越小的群体使用移动设备访问 SNS 的百分比越高，年龄越大则越低。由此看来，当 SNS 用户年龄增大，未来使用移动终端设备访问SNS 的用户也会随之增加。

（4）无线视频业务。LTE 定义了全新的具有更高频谱效率的无线接入技术和平滑的 IP 核心网络，相比传统的 2G/3G 移动通信网络，LTE 网络性能得到了大幅度的提高，并且很大程度地降低了网络的运营成本。3G 移动通信网络虽然也可以提供无线视频业务，但其视频通话质量不好，用户接收到分辨率较差的视频，从而给用户带来较差的业务体验。然而 LTE 采用了正交频分复用和多输入多输出等技术，使得 LTE网络可以提供更快的接入速率并且时延也更低。LTE 可以提供下行100Mbit/s、上行 50Mbit/s 的峰值速率，完全可以满足无线视频的传输需求，彻底解决了无线视频传输速率的瓶颈。

（5）移动电子商务。移动电子商务就是利用手机、PAD 和掌上终端等无线终端设备进行的 B2B、C2C 等电子商务。它将互联网、移动通信技术、短距离通信技术和其他信息处理技术进行了完美结合，使人们可以在任何时间、任何地点进行商贸活动，实现随时随地、线上线下的购物与交易、在线电子支付以及各种交易活动、商务活动、金融活动和相关的综合服务活动等。随着中国手机用户的逐年大幅增加，移动电子商务与传统电脑（台式 PC、笔记本电脑）平台开展的电子商务相比，其拥有更为广泛的用户基础。受移动支付和团购的推动，在移动电子商务中手机电子商务凸显迅速增长的势头，随着终端技术的发展，终端的功能越来越多，而且考虑人性化方面的设计也越来越多，手机终端可以实现更加接近传统 PC 互联网上的强大功能。智能终端的发展将进一步促进移动电子商务的发展，同时，在电子商务业务使用过程中，用户还需要利用手机，通过信息、邮件上网等方式，获取交易相关的股票行情、天气、音乐和游戏等，以促成交易的发生，信息的获取对于带动交易的发生或是间接引起交易是有非常大的作用的，而这也将会大大增加移动互联网的业务承载需求。

四、容量测算关键指标与预测原则

1. 容量测算关键指标

小区理论峰值吞吐量。小区理论峰值吞吐量与系统参数选定、终端类别等有关系。考虑控制信道开销等因素的小区下行/上行理论峰值速率能达到约 150Mbps/75Mbps。

小区平均吞吐量与网络负荷、用户分布、调度算法、干扰消除算法等因素有关。一般通过实测获得。小区边缘吞吐量与上述因素也有关系，网络规划时一般根据运营商的需求来确定。小区吞吐量的影响因素如表 3-2 所示，小区用户容量的相关指标解释如表 3-3 所示。

表 3-2　小区吞吐量影响因素

影响因素	说　明
网络负荷	对于同频部署的网络，邻区负荷将产生同频干扰，降低小区吞吐量
用户分布	用户分布在不同区域信道质量不同，分布在信号质量好点的用户数比例越高，小区吞吐量越高

影响因素	说　　明
调度算法	不同厂商算法有所不同：资源调度算法不同，小区吞吐量有一定的变化
干扰消除算法	引入干扰消除算法（如频率选择性调度等）提升用户信道质量，提升小区吞吐量

表 3-3　小区用户容量指标的定义

指标	定　　义
并发用户数	某一时刻同时进行数据业务的用户数
调度用户数	在同一个 TTI 中被调度（传输数据）的用户数
连接用户数	建立了 RRC 连接的用户数
激活用户数	在一定的时间间隔内，在队列中有数据的用户

2. 业务预测的原则和方法

移动通信网络的业务预测是对未来移动通信业务承载量进行预测的方法，用于指导网络规模、网络容量的建设，提高资源配置效率，满足移动用户发展和业务发展的需求。

（1）业务预测的原则。无线网络业务预测是无线网络规划和设计的前提，是无线网络规模和容量规划的重要依据，其准确程度将直接影响无线网络的规模、发展和资源配置效率。它既要符合用户发展的需要，又要考虑实际相关条件的制约。因此，准确的业务预测必须遵循以下基本原则：①以国家宏观经济总体发展战略为依据，充分考虑本地区的经济基础和发展水平对通信业务的需求；②充分考虑通信发展技术及经济政策，用户的各类通信业务消费意识、消费能力和消费水平；③充分考虑运营商自身的基础设施和条件、规划建设目标和融资能力。

（2）业务预测方法。LTE 无线网络的业务预测的内容分为用户数的预测和业务量的预测，方法可以分为定性预测和定量预测。业务量的预测主要指语音话务量和数据流量的预测。话务量预测指系统语音忙时话务量预测。由于 LTE 网络尚未正式投入商用，无法获取历史数据，因此在 LTE 业务预测时无法采用传统的趋势外推法来进行用户数和业务量的预测。

五、基于小波神经网络的话务预测分析

1. 相关理论基础

小波分析理论。20 世纪 70 年代，在法国石油公司工作的年轻的地球物理学家，从事石油信号处理的工程师 Jean Morlet 在 1984 年首先提出了小波变换 WT（Wavelet Transform）的概念。Mallat 提出了多分辨（尺度）分析的概念，给出了构造正交小波基的一般方法，这之前人们构造的正交小波基具有高度的技巧性和不可模仿性。

（1）小波变换。

如果函数 $\Psi(t) \in L^2(R)$ 满足以下允许性条件

$$C_{(\Psi)} = \int_{-\infty}^{+\infty} \frac{\mid \Psi(\omega) \mid^2}{\mid \omega \mid} d\omega < \infty$$

那么 $\Psi(t)$ 称为母函数或者基函数。由基小波生成小波函数可以表示为：

$$\Psi_{a,b}(t) = \mid a \mid^{-1,2} \Psi\left(\frac{t-b}{a}\right)$$

其中，a、b 为伸缩平移因子，对于任意函数 $\Psi_{a,b}(t)$，其连续小波变换为：

$$(W_{\Psi}f)\ (a,\ b)\ \leq f,\ \Psi_{a,b} \geq \int_{-\infty}^{\infty} f\ (t)\ \Psi_{a,b}\ (t)\ dt$$

其中，$W_{\psi}f$ 为信号在小波函数 $\Psi_{a,b}(t)$ 上的分量，将 a、b 展开就可以得到任意时刻、任意精度的频谱。对于实际计算来讲，这样的代价太高，将连续的小波离散化，离散小波函数可表示为：

$$\Psi_{j,k}(t) = a_0^{j/2} \Psi(a_0^{-}t - kb_n)(j,\ k \in Z)$$

（2）小波分解。

小波分解是基于多分辨分析和尺度分解，其分解过程是将原始信号

的总频带空间 S 进行逐层分解。对于一个时间序列信号 S（t）其分解关系式为：

$$S = D_n + D_{n-1} + \cdots + D_1 + A_n (i \in [1, n])$$

其中，D 为信号 S 分解后的高频部分；A 为低频部分，如果将信号进一步分解则 A 低频可继续分解为低频 $A_n + 1$ 和高频 $D_n + 1$，即 $x = D_n + 1 + \cdots + D_1 + A_n + 1$。$A_n$ 为其低频部分，又称逼近信号，是对原始信号总体趋势的描述。高频部分也可以称细节信号，是对原始信号短期波动性或者周期性的细节描述。

2. 小波神经网络理论基础

小波神经网络（Wavelet Neural Network，WNN）是在近年来小波分析研究获得突破的基础上提出的一种人工神经网络。它是基于小波分析理论所构造的一种分层的、多分辨率的新型人工神经网络，即用非线性小波基取代了通常的非线性 Sigmoid 函数，其信号表述是通过将所选取的小波基进行线性叠加来表现的。小波神经网络具有以下特点。第一，小波基元及整个网络结构的确定有可靠的理论根据，可避免 BP 神经网络等结构设计上的盲目性；第二，网络权系数线性分布和学习目标函数的凸性，使网络训练过程从根本上避免了局部最优等非线性优化问题；第三，有较强的函数学习能力和推广能力。

小波神经网络可以分为松散型和融合型。松散型小波神经网络是小波分析对神经网络的输入进行初步处理，使得输入神经网络的信息更利于神经网络处理。融合型小波神经网络是小波和神经元直接融合，即小波元代替神经元，输入层到隐含层的权值及隐含层阈值分别由小波函数的尺度和平移参数所代替。

小波神经网络模型的典型结构包括输入层、输出层和隐含层。隐含层包含两种节点：小波基节点（ψ 节点）和尺度函数节点（φ 节点）。

小波神经网络是建立在小波理论基础上的一种新型网络模型。小波网络结合了小波分析与神经网络的优越性，一方面充分利用了小波变换的时频联合局部特性和多分辨分析性能，另一方面发挥了神经网络参数优化的自学习和网络结构的自组织功能，从而具有更强的函数逼近与系统容错功能，成为非线性系统黑箱辨识的强大工具。

目前小波与神经网络的结合有以下两种方式：一是松散型结合，即先利用小波变换对信号进行预处理，然后用神经网络自学习模型，如以小波变换为权系数的信号表征和模式分类问题，又如对水文数据先进性正交小波分解以提取特征，再用神经网络去逼近水文模型；二是紧致型结合，即把小波级数融入神经网络，以小波函数作为神经元的激励函数，后者是两者结合的主要方式。小波神经网络是在小波逼近的基础上提出的一种局部前馈网络，本质上是 RBF 网络的推广，大致可以分为以下几种类型：

第一，以小波函数为神经元的小波网络。Zhang 和 Benveniste（1992）明确提出了小波网络的概念，它实际上是作为对前馈神经网络逼近任意函数变换的替换。其基本思想是：利用小波元（Waveron）来代替神经元（Neuron），通过作为一致逼近的小波分解来建立起小波变换与神经网络的连接。作者给出了该小波网络系数的参数初始化方法和学习算法，用小波分析、神经网络和小波网络分别对一维和二维函数进行逼近，并对结果进行了对比。其小波网络结构式中一维和多维的统一

形式为 $f(x) = \sum_{i=1}^{N} \omega_i \psi \left[D_i R_i (x-t_i) \right] + \tilde{f}$,

其中，输入向量 $x \in R^n$，t_i 为平移参数构成的矢量；D_i 为尺度参数构成的对角阵；R 为旋转阵；$\tilde{f}$ 为 f 的均值估计；ω_i 为权值。

该小波网络中所采用的激励函数为小波函数，但没有限制为正交小波函数，Zhang 采用随机梯度算法作为训练网络的参数调节算法。

第二，以尺度函数为神经元的小波网络。Zhang 等（1995）提出了一种利用尺度函数作为神经网络中神经元激励函数的正交小波函数，其基本思想是在正交小波基多分辨分析基础上，通过在某一尺度上对函数的逼近来实现小波网络的函数逼近功能。作者给出了该小波网络的结构和算法，并与多层感知器网络、径向基网络进行了对比。若给定一组 M

和 K，则其小波网络结构为：

$$f(x) = \sum_{k=-K}^{K} C_k \phi_{M,k}(x)$$

其中，C_k 为相应尺度函数对应的小波系数；$\phi_{M,k}$ 为某尺度对应的尺度函数。由正交小波变换导出的小波神经网络实际上是在 Daubechies 构造的正交小波和多分辨分析基础上，利用尺度函数，选取最合适的尺度参数和平移参数，调节小波系数来达到对函数的最佳"逼近"。

对上述网络的训练实际上是指对权值 C_k 的训练，作者通过最小化均方差函数来调节 C_k 的大小，即：

$$e_N(f, \tilde{f}) = \frac{1}{N} \sum_{i=1}^{N} (f(t_i), \tilde{f}(t_i))^2$$

$$\{\hat{c}_{-k}, \cdots, \hat{c}_k\} = \arg \min_{\{\hat{c}_{-k}, \cdots, \hat{c}_k\}} e_N(f, \hat{f})$$

该式可以通过对均方差的偏导求解，由于采用正交小波网络，其解是唯一的。

第三，多分辨小波神经网络。Bakshi（1998）利用正交小波函数，作为神经网络中神经元的激励函数，提出了正交小波神经网络及其学习算法，其基本思想是利用小波分解对数据进行分析。神经网络隐含层节点中一部分激励函数采用尺度函数，另一部分激励函数采用小波函数。在多分辨率分析基础上，采用逐级学习的方法来训练网络。其小波神经网络结构为：

$$f(x) = \sum_{m=1}^{J} \sum_{k=1}^{2^{J-m}M} d_{m,k} \varphi_{m,k}(x) + \sum_{i=1}^{M} c_{J,i} \phi_{J,i}(x)$$

该网络结构的隐含层中有两种类型的神经元，一种是小波神经元；另一种是尺度神经元，其相关联的基函数是：

（1）尺度函数 $\phi(x)$ 单元 $\phi_{J,i}(x)$（$i=1, 2, \cdots, M$）是在分辨率 J（最粗分辨率）时不同位移下的正交基函数，构成对未知函数 $f(x)$ 在最粗分辨率下的逼近。

（2）小波函数 $\psi(x)$ 单元 $\psi_{m,k}(x)$（$m=1, 2, \cdots, J; k=1, 2, \cdots,$

$2^{J-m}M$)是 f(x)细节的正交基函数。

第四，自适应小波神经网络与上述有所区别的是，由 Szu 等提出的小波神经网络是一种"叠加小波"构成的自适应小波网络。叠加小波是指自适应小波的线性组合，其本身也可以被看成一普通小波。在叠加小波中，其尺度会在信号处理过程中改变，也就是说，小波基形状可以适应特定的应用，而不是仅仅对固定形状小波的参数。其基本思想是：信号函数 f（t）可以通过所选取的小波基进行叠加来拟合。其小波神经网络结构为：

$$\hat{f}(x) = \sum_{k=1}^{K} w_k \psi\left(\frac{x-b_k}{a_k}\right)$$

其中，w_k、a_k 和 b_k 分别为权值、小波神经基的尺度参数和平移参数；k 为小波基的个数。该小波网络结构中的尺度参数和平移参数不是固定的，它没有小波系数作为权值，而是直接采用类似神经网络的权值 w_k。除了中间层与输出层之间的权值外，自适应小波结构中的尺度参数和平移参数都可以通过相应的学习算法来调节。如果恰当地选择网络的权值和位移参数、尺度参数，那么该小波神经网络就可以逼近函数f（t）。

这种小波神经网络仅把时域信号在一组固定的伸缩因子 a 和平移因子 b 的小波神经网络神经基上进行内积运算，也就是说每改变一次伸缩因子 a，仅有一个平移因子 b 对应，这与真正的小波变换存在一定的差别。严格意义上来说，该小波神经网络不是以小波的数学分析为基础的，其实质是利用某种形式的小波组合来逼近函数。该网络虽然与径向基神经网络非常类似，但与径向基神经网络相比有其明显的优点：径向基神经网络中径向基函数的中心参数和宽度参数的选择主要是靠经验，而自适应小波网络中的尺度参数和位移参数的选择则可以根据小波时频局部化特征来设置。该网络常用于信号系统的分类。

3. 基于小波神经网络的用户数预测

通过调查预测区域移动用户历史数据，利用小波分析进行移动用户数的预测，为移动网络规模规划作为理论指导，为基站规模配置提供依据，进而提高基站的配置效率。

小波神经网络学习算法的具体步骤：

（1）网络参数的初始化，包括将小波的伸缩因子、平移因子、网络连接权值、学习率以及运动因子赋初始值，并置输入样本计数 P=1。

（2）输入学习样本和相应输出。

（3）计算隐含层和输出层的输出。

（4）计算误差和梯度向量。

（5）输入下一个样本 P=P+1。

（6）判断算法是否结束，当 E<$ 时，即代价函数小于预先设定的某个精度，停止网络的学习，否则将计数器计数为 1，并转步骤（2）循环。

4. 实证分析

数据来源和说明：选取 2001 年 7 月至 2014 年 3 月全国移动用户数共 153 个样本，本书中所用数据主要来源于《中国邮电通信统计年鉴》。

将 2001 年 7 月至 2013 年 5 月的 143 个样本作为训练样本，2013 年 6 月至 2014 年 3 月的 10 个样本作为测试样本，然后再预测 2014 年至 2015 年移动通信用户数。利用 MATLAB7.0 进行小波神经网络预测结果如下：

从图 3-3 中可以清晰看出，在小波神经网络的训练过程中训练误差在不断减小，经过 800 次的训练后误差为 0.0018，已经达到预期要求的 0.005。

图 3-4 主要说明小波神经网络对数据预测的准确程度，取 2013 年 6 月至 2014 年 3 月的 10 组数据作为期望值，并与小波神经网络的输出结果进行对比，可看出两者能够很好地拟合在一起，预期输出与期望输出的误差率为 2.7%。

图 3-5 说明的是 2014 年 4 月至 2015 年 12 月移动通信用户数的增长趋势。从小波神经网络的预测结果可以看出，移动通信用户数的增长速度有所放缓，但依然保持增长趋势。

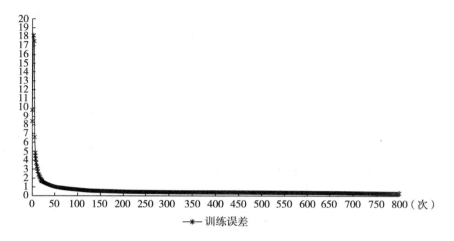

图 3-3　小波神经网络训练过程

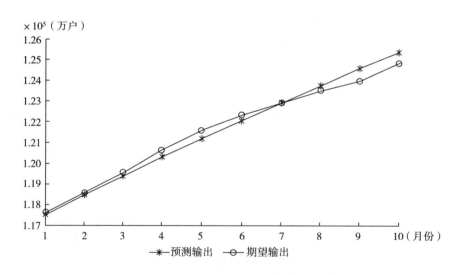

图 3-4　小波神经网络测试结果

5. 结果与分析

本书选取 143 个月的中国移动历史用户数作为小波神经网络的学习数据，经过 800 次循环迭代计算，利用最近 10 个月的数据作为验证数

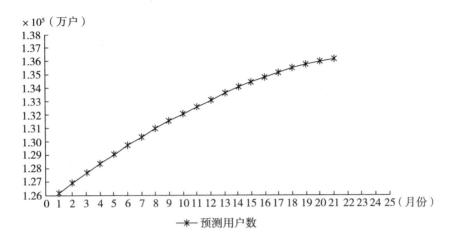

图 3-5　2014 年 4 月至 2015 年 12 月全国移动用户预测结果

据进行验证，得到以下结论：第一，小波神经网络理论模型进行移动用户数变化的预测效果很精确，绝对误差 APE 的最大值为 0.92%，平均绝对百分比误差为 0.29%，均方差误差为 14.6；第二，移动通信用户数量的预测，为各家通信企业在进行无线网络投资建设、网络规划设计和发展目标制定等方面提供指导。

第五节　基于机器学习的实时网络流量识别

随着计算机网络技术的飞速发展和互联网的不断普及，用户对网络带宽的需求也越来越高，比如由原来的浏览网页到现在的视频点播和下载等。而且，近年来随着对等网络（Peer to Peer，P2P）技术的不断发展和成熟，各种 P2P 网络应用也不断出现，如 BT 下载、迅雷和电驴等。根据统计，在众多网络应用中，P2P、流媒体、网络游戏和 VoIP（Voice over Internet Protocol）等已经占据了 60% 以上的网络带宽

（S. Sen and Wang Jia，2002）。这些应用大肆抢占网络带宽，从而造成带宽不足、网络拥塞等现象，致使用户体验和服务质量无法得到保证。因此，如何对网络进行有效管理，给用户提供一个良好的上网环境和更高的服务质量，是网络服务提供商首要关注的问题。为了满足用户需求，网络运营商可以采用带宽划分、流量调度等一系列策略来提高网络带宽的利用率。但是，运营商不管是对网络资源进行 QoS（Quality of Service）管理（L. Stewart et al.，2005）、流量计费，还是对已有网络进行改造升级，都要先对网络中各种应用有所了解和掌握，这就需要网络流量识别这种测量方法。

近年来在学术和应用领域越来越关注网络流量识别方法的研究，特别是流量识别的可行性和有效性，即如何快速地处理海量的数据和如何正确地识别网络中的各种应用（陈亮等，2007）。因此，流量识别方法既要简单有效，又要灵活且应用面广。

现有的网络流量识别方法主要分为四大类：基于端口映射的流量识别方法、基于深度报文检测的流量识别方法、基于行为特征的流量识别方法和基于机器学习的流量识别方法（赵国峰等，2010）。

（1）基于端口映射的流量识别方法简单高效，能够实时识别网络应用。随着大量的随机端口和网络地址转换（Network Addresses Transformation，NAT）与代理技术被广泛使用（H. Schulzrinne et al.，1996），导致了这种方法迅速失效（A. Modhukar et al.，2006）。

（2）基于深度报文检测的流量识别方法（S. Sen et al.，2004；A. W. Moore et al.，2005）实现过程简单有效，而且识别准确率远远高于基于端口映射的流量识别方法。这种方法可能会侵犯通信双方的隐私，无法识别加密的数据流，对新出现的应用需要及时更新特征字段库，而且解析流量的净载荷需要很大的运算量。所以，随着网络通信加密技术的普遍使用和新的网络应用类型出现，这种流量识别方法的局限性越来越明显。

（3）基于行为特征的流量识别方法（T. Karagiannis et al.，2004）

是通过观察流量在网络协议层中如何连接、如何交互来判定属于何种应用。虽然这种方法运算量不大，识别准确率也比较高，还能发现新的流量行为特征。但是，这种方法需要离线处理大量数据流来维护和匹配繁多的行为规则，因此并不能在实际应用中进行实时识别。

（4）基于机器学习的流量识别方法（T. Aud et al.，2007；沈富可等，2007）利用机器学习的数据挖掘能力，从网络流量庞大、复杂的数据中提取隐含的、潜在的有效特征信息。有很多机器学习的算法可以借鉴，也有很多网络流量特征可以选择。如 Andrew Moore（2005）等在研究报告中提出了 248 项流量特征。如今学术界将重点放在了基于机器学习的流量识别方法上。此类方法的关键是选择合理的流量特征和选择合适的机器学习算法。

针对网络中的多种应用类型采用"时间窗口法"（马衍庆，2014）从网络流的数据包获取简单有效的特征，并通过支持向量机（Support Vector Machine，SVM）、反向传播（Back Propagation，BP）、神经网络和经过粒子群优化（Particle Swarm Optimization，PSO）算法寻优的 BP 神经网络这三种机器学习算法分别对网络流进行训练和识别。计算机仿真实验比较结果表明，基于 SVM 的流量识别方法不仅能够快速建模生成分类器，而且在小样本情况下就能达到 98% 以上的识别准确率；同时，本书的方法还可以在任何时间点对网络流的多种应用进行测量识别，满足实时多应用的需求。

一、网络流量类型特征分析

我们主要针对带宽需求较大的六种网络应用类型进行流量识别的研究，并且通过时间窗口的方法从网络流中生成 11 种特征。同时，设计了网络流量识别的具体流程，给出识别性能评价指标。

1. 网络应用类型

表 3-4 展示了需要识别的六种网络应用类型和相应的测试用例。

表 3-4 网络应用类型

编号	网络流量识别的应用类型	测试用例
1	P2P 的多媒体或下载	暴风影音、迅雷下载
2	非 P2P 的多媒体或下载	网页优酷视频、网页本地下载
3	WWW（Web 浏览）	搜狗浏览器、IE 浏览器
4	网络游戏（客户端游戏）	新天龙八部（客户端游戏）
5	视频通话/会议	QQ 视频
6	文件共享（局域网内）	QQ 传文件、文件群共享

2. 网络流量特征

（1）时间窗口法。

以 1s 为时间单位，对 1s 内实时抓取的网络流进行简单统计，持续 $\tau = n$（设 $n = 15$）s 后得到图 3-6 中一个时间窗口内网络流量的变化情况。在图 3-7 中，根据时间窗口内的流量均值（Average），将流量划分为稳定区和峰值区。因此在这个窗口中既能获取每一秒流量的包数、包长等基本数据，又能分析流量在 τ 时间段内的爆发性、平稳性。

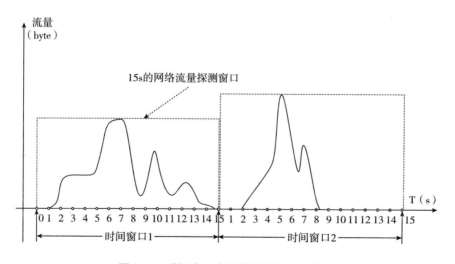

图 3-6 时间窗口内网络流量的变化情况

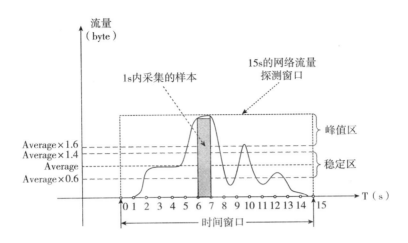

图 3-7 流量区间的划分

（2）11 种网络流特征。

针对表 3-4 中六种应用类型，从时间窗口内生成选择 11 种流量特征，如表 3-5 所示。

表 3-5 生成的 11 种流量特征

编号	时间跨度（s）	特征	特征的含义	特征的生成方法
1	1	下行包数	将网络应用所需带宽划分为低、中、高三个档次	统计 1s 内样本下行和上行的包数、包长
2	1	上行包数		
3	1	下行数据量		
4	1	上行数据量		
5	1	下行、上行包数比	一般由 TCP/UDP 的协议应答机制决定；与数据量比相对应	下行与上行的包数相比
6	1	下行、上行数据量比	将网络应用分为下载、上传或交互通信三种模式	下行与上行的数据量相比
7	15	下行、上行包数方差比	反映下行与上行波动程度是否一致；由于局域网内部网络环境很稳定，可作为识别"文件共享"的依据	时间窗中稳定区内样本的下行与上行的方差相比
8	15	下行、上行数据量方差比		

编号	时间跨度（s）	特征	特征的含义	特征的生成方法
9	15	下行中大数据量的 IP 数目	区分 P2P 和非 P2P 的关键；P2P 的数据源众多且分散，而非 P2P 的数据源固定且集中	统计时间窗内下行中大数据量的 IP 数目
10	15	峰值区内数据量的比重	比重值越大说明网络流的爆发性越强，主要依靠网络峰值传输数据量，与"Web 浏览"相关	峰值区内数据量与时间窗内数据量相比
11	15	稳定区内样本数目的比重	在稳定区内的样本数目的比重越大说明网络环境比较好，网络流可以稳定地传输	稳定区内样本数目与时间窗内样本数目相比

其中，上行或下行是根据数据包的源地址确定的。假设以内部局域网作为本地（Local），外部互联网作为远端（Remote），如果源地址是本地的 IP 则认为数据流向是上行，即上传（Upload）；如果源地址是远端的 IP 则认为数据流向是下行，即下载（Download）。

二、网络流量识别流程设计

1. 识别流程设计

根据应用类型和选择的识别特征，可将基于机器学习的网络流量识别分为离线训练和在线实时分类两个过程。总体架构设计如图 3-8 所示。

（1）离线训练。

机器学习对样本进行训练需要的运算量比较大，所消耗的时间比较多，因此训练过程在离线状态下进行。离线训练的具体步骤是：第一，从网络线路中抓取数据包；第二，对数据包进行简单统计（例如，流的

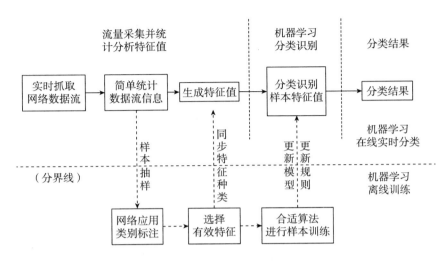

图 3-8　网络流量识别的流程设计

包数、包长等）；第三，从获取的大量数据中抽样选择稳定合理的样本；第四，对样本的应用类别进行标注；第五，由样本数据中生成多种特征，并选择有效合理的特征；第六，采用合适的机器学习算法对样本特征值进行训练学习，生成分类规则，构建分类器的模型。

（2）在线实时分类。

流量识别是在在线状态下进行的，通过时间窗口实时抓取数据包，快速识别流量的网络应用类型，并反馈结果。在线实时分类的具体步骤是：第一，利用相关抓包软件（如 Linux 系统下的 Libpcap 函数库）实时地从网络线路中抓取数据包；第二，对数据包进行简单统计（例如，流的包数、包长等）；第三，同步来自于训练模块选择的有效特征种类，并生成相关特征值；第四，更新来自于训练模块的分类规则和分类模型，对样本特征值进行分类识别；第五，反馈识别结果。

2. 网络流量识别性能的评价

流量识别准确度的评价指标有准确率（True Positives，TP）、正确几率（True Negatives，TN）、误报率（False Positives，FP）和漏报率（False Negatives，FN）四类（T. Nguyen et al.，2008），通常采用准确

率 TP 评价网络流量识别方法的有效性。

假设一个测试数据集，其中属于应用类型 A 的有 M 个样本，不属于应用类型 A 的有 N 个样本，在图 3-9 中说明了这四种评价指标的关系和具体含义：

准确率 TP=(属于 A 正确识别为属于 A 的样本数)/(A 样本数 M)；

误报率 FP=(不属于 A 错误识别为属于 A 的样本数)/(非 A 样本数 N)；

漏报率 FN=1-TP；正确几率 TN=1-FP。

识别输出 / 原始输入	A	非A
A （M个样本）	TP	FN
非A （N个样本）	FP	TN

图 3-9　网络流量识别的四种评价指标

三、流量识别的算法选择

网络流量识别技术在不断发展的过程中，也根据网络环境的变化而不断改进识别算法和提取的流量特征。本书依据多种网络应用类型、识别准确率、运算复杂度和实时性要求，选择 SVM、BP 神经网络和由 PSO 优化的 BP 神经网络这三种机器学习算法作为对网络流量分析研究的方法。

1. 基于 SVM 的非线性多值分类

支持向量机的主要思想是根据区域中的样本建立一个分类超平面作为分类决策的条件，并使得正例和反例之间的隔离边缘最大化（Nello Cristianini et al.，2004）。

假设某空间内存在 n 个样本 (x_i, y_i)；输入 $x_i \in R^d (i=1, 2, \cdots,$

n) 为 d 维向量；期望输出为 $y_i \in \{+1, -1\}$ ($i = 1, 2, \cdots, n$)，"+1"和"-1"分别代表两类的类标识。

图 3-10 中的 SVM 二元线性分类问题可表示成式（3-1）中的目标函数与约束条件，并求解得到式（3-2）中的最优决策函。

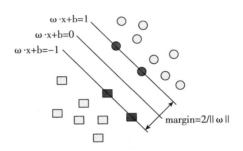

图 3-10　SVM 的二元线性分类

$$\min_{\alpha} \frac{1}{2} \sum_{i=1}^{n} \sum_{j=1}^{n} y_i y_j \alpha_i \alpha_j \, (x_i \cdot x_j) - \sum_{i=1}^{n} \alpha_i$$

$$\text{s. t.} \sum_{i=1}^{n} y_i \alpha_i = 0,$$

$$\alpha_i \geqslant 0, \ i = 1, \cdots, n. \tag{3-1}$$

$$f\,(x) = \text{sgn}\, \{\,(\omega \cdot x) + b\} = \text{sgn}\left\{ \sum_{i=1}^{n} \alpha_i y_i \,(x_i \cdot x) + b \right\} \tag{3-2}$$

其中，ω 为可调的权值向量，b 为超平面偏置量，α_i 为 Lagrange 乘子。

对于网络流量线性不可分的情况，一方面可以在分类超平面的约束条件中引入松弛变量；另一方面可以通过核函数的非线性变换将原始空间中的非线性问题转化为某个高维空间中的线性问题，在高维空间中求解最优分类超平面。因此，SVM 的二元非线性分类问题的目标函数、约束条件和最优决策函数如下：

$$\min_{\alpha} \frac{1}{2} \sum_{i=1}^{n} \sum_{j=1}^{n} y_i y_j \alpha_i \alpha_j K\,(x_i, \ x_j) - \sum_{i=1}^{n} \alpha_i$$

$$\text{s. t. } \sum_{i=1}^{n} y_i \alpha_i = 0,$$

$$0 \leqslant \alpha_i \leqslant C, \ i = 1, \cdots, n. \tag{3-3}$$

$$f(x) = \text{sgn}\left\{ \sum_{i=1}^{n} \alpha_i y_i K(x_i, x) + b \right\} \tag{3-4}$$

其中，C 为惩罚参数，$K(x_i, x_j)$ 为核函数，一般选择径向基函数作为核函数。

经典的 SVM 只能识别两种网络应用类型，是简单的二值分类器。然而，网络流量识别是典型的多分类问题，因此可以通过在任意两个类别之间建立最优超平面的一对一方法（One-Against-One）构造 SVM 非线性多值分类器。

2. 基于 BP 神经网络的非线性多元流量分类

Hornik 已经从理论上证明了三层的 BP 神经网络可以通过调节隐含层节点数和连接权值达到以任何精度逼近任何非线性连续函数（K. M. Hornik et al.，1989）。因此，三层的 BP 神经网络已经满足了非线性多元分类的网络流量识别问题。

在图 3-11 中，输入 $x = [x_1, x_2, \cdots, x_i, \cdots, x_{n-1}, x_n]^T$ 为输入层网络流的特征信息，$y = [y_1, y_2, \cdots, y_j, \cdots, y_m]^T$ 为隐含层的计算结果，输出 $o = [o_1, o_2, \cdots, o_k, \cdots, o_l]$ 为输出层网络应用的类型编号。采用误差反向传播的梯度下降法不断对训练样本进行学习得到合适的权值矩阵 $V = [V_1, V_2, \cdots, V_j, \cdots, V_m]$ 和 $W = [W_1, W_2, \cdots, W_k, \cdots, W_l]$。

隐含层节点数可以在满足识别准确度的条件下通过多次样本的训练实验得到，从而确定一个可靠的 BP 神经网络模型。

3. 基于 PSO 寻优的 BP 神经网络流量识别（BP-PSO）

BP 神经网络根据误差梯度调整网络连接权值，每一次调整都是取局部最优，因此训练过程是进入局部极小还是进入全局最小主要取决于 BP 神经网络的初始化权值。如果初始化权值是随机确定的，那么 BP

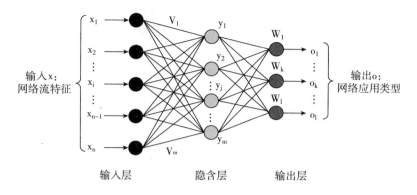

图 3-11　三层的 BP 神经网络的流量识别

神经网络的误差收敛结果是很难预知的。对此，可以采用 PSO 算法的随机全局优化技术（J. Kennedy et al.，1995）寻找合适的 BP 神经网络初始化权值，使 BP 网络的训练过程能够更容易进入全局最小。PSO 算法不断寻优的迭代过程如图 3-12 所示。

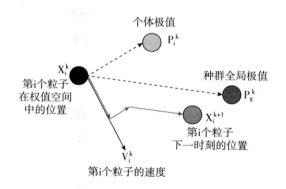

图 3-12　PSO 算法不断寻优的迭代过程

图 3-12 中，在每一次的迭代过程中，第 i 个粒子都通过个体极值 P_i 和种群全局极值 P_g 来更新自身的速度 V_i 和位置 X_i，具体更新公式如下：

$$V_i^{k+1} = \omega V_i^k + c_1 r_1 (P_i^k - X_i^k) + c_2 r_2 (P_g^k - X_i^k) \tag{3-5}$$

$$X_i^{k+1} = X_i^k + V_i^{k+1} \qquad\qquad (3-6)$$

式（3-5）中，ω 是惯性权值，$\omega>0$；k 为粒子当前的迭代次数；c_1 和 c_2 是学习常数；r_1 和 r_2 是分布在 $[0,1]$ 之间的随机数。为了防止粒子种群盲目搜索，一般建议给粒子的位置和速度设置限定区间 $[-X_{max}, X_{max}]$ 和 $[-V_{max}, V_{max}]$，同时也可以防止 BP 神经网络的转移函数进入饱和区。

经过 PSO 算法优化初始化权值，能很大程度上保证 BP 神经网络在训练过程中进入全局最小，从而确保 BP 神经网络训练学习的最优性。如此，基于 PSO 寻优的 BP 神经网络在流量识别中能够准确有效地识别各类网络应用。

四、流量识别的结果与分析

1. 训练集与测试集选择

在不同时间段对网络流量进行采集抽样，共获取了 4 组样本集。每一组样本集有 6 种网络应用类型，每种网络应用类型有 100 个样本，因此 4 组样本集共有 2400 个样本。分别随机选取 60 个、120 个、240 个、480 个、960 个和 1920 个样本作为训练集，剩余的相对应的样本作为测试集。

2. 识别准确率 TP

图 3-13 中，针对六种网络应用分别采用 SVM、标准 BP 和 BP-PSO 三种算法进行流量识别。通过比较分析可知，三种算法的识别准确率 TP 都会随着训练样本数目的增加而增大；SVM 和 BP-PSO 两者完全优于标准 BP，不仅识别准确率高而且稳定；特别是 SVM 算法的识别准确率在小样本情况下依然保持在 98% 以上。

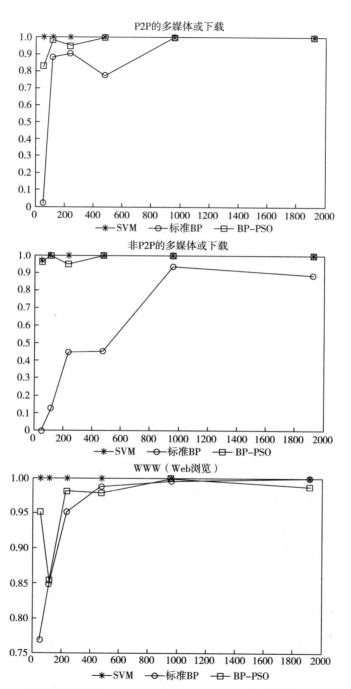

图 3-13　六种网络应用下 SVM、标准 BP 和 BP-PSO 的流量识别准确率 TP

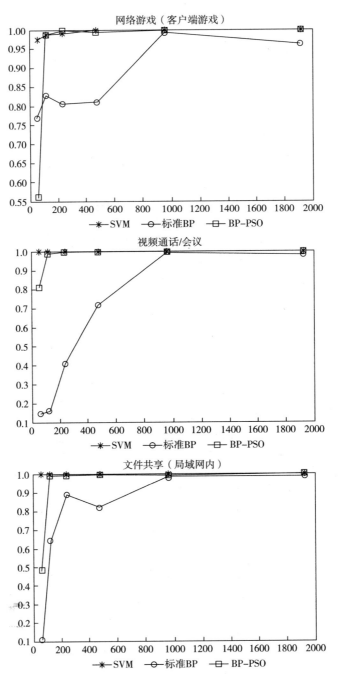

图 3-13 六种网络应用下 SVM、标准 BP 和 BP-PSO 的流量识别准确率 TP（续）

3. 分类器的训练建模时间

图3-14中，通过分析三种算法生成分类器模型所需时间可知，BP-PSO建模时间远远大于 SVM、标准 BP，所需运算量很大；SVM 的建模时间是三者中最少的，在 0.1s 之内完成。

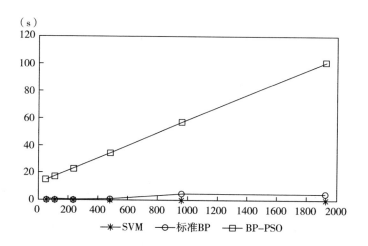

图 3-14　SVM、标准 BP 和 BP-PSO 的生成分类器模型所需时间

综合上述两方面的分析可知，基于 SVM 的流量识别方法针对多种网络应用不仅在小样本情况下能够保持很高的识别准确率，而且生成分类器模型所需时间也很少；这说明此方法实现简单、运算复杂度低，而且具有很好的泛化能力和鲁棒性，符合在实际网络环境中对流量识别方法可行性和有效性的要求。

本章小结

本章首先分析了资源和资源配置的含义与特征，总结了优化资源配置的途径和方法，然后分析总结了资源优化配置需要坚持的基本原则。

分析了资源配置理论和无线基站规划的关系，然后论证了资源配置理论对无线网络规划目的的指导意义，重点进行了无线基站规划的容量预测研究，首先界定 LTE 业务的类型进行分类总结。其次分析总结了 LTE 网络容量测算的关键指标和预测原则，构建了基于小波神经网络的 LTE 话务量和用户数预测模型并进行结果分析。最后构建了基于机器学习的实时流量预测模型，为更有效地进行无线基站资源配置提供了理论依据和技术指导。

电信业基站配置效率测度

本章在本书第二、第三章基础理论分析的基础上，展开关于无线基站资源配置效率时空演化特征的研究，其是本书的重要核心内容之一。前述章节是本章展开效率分析研究的理论基础；同时，本章也是第八章提高无线基站资源配置效率策略建议的依据。本章研究的主要内容是构建基站效率评价模型，实证分析山东该电信运营商基站效率时空演化特征和空间关联特性，并进一步探析基站效率各影响因素的影响。

第一节 基站配置效率研究方法

一、研究方法

无线网络基站资源配置效率是决定电信企业运营成败的重要因素之一，分析基站资源配置效率，为资源分配和资源优化提供支撑，对电信企业的运营管理提供重要依据。进行无线网络基站资源配置效率的评价除需要理论指导和实践经验借鉴外，还需要相应的科学的效率评价方法来保障（王晨奎，2013）。目前，效率评价的研究方法主要为综合评价指标法和基于投入产出的生产率法，其中生产率法又分为参数法和非参数法两类，分别以随机前沿分析法（Stochastic Frontier Analysis，SFA）和数据包络分析法（Data Envelopment Analysis，DEA）为代表（刘军等，2010）。

1. 综合评价指数方法

综合评价指数是运用数学方法处理多种相关指标而得到的一个综合性指标，综合评价指数方法是用于计算决策单元管理效率和资源配置水平的一种日常使用系统分析方法。该方法相比其他效率评价方法的特点就是操作简单，评价时不需要使用任何统计分析软件，只要使用公式进行简单计算就可以得出结果。与其他方法相比，该方法仅能相对客观地列出不同电信企业区域分公司的效率排名或者单一样本电信分公司在不同年间的效率高低，而无法了解效率差距的原因，以及从哪些方面进行改进，因此为了更深刻地了解电信企业无线网络效率水平，有效提高电信企业综合效率，就需要将该方法与其他研究方法相结合，由此才能为电信企业管理者做出合理决策提供良好的基础。

2. 生产函数法

利用生产函数进行基站资源配置效率评价是指通过生产函数的建立与参数的求解，将实际观察值与生产函数所要求达到的水平相比，来反映资源利用效率，并且分析各投入要素对产出的影响大小（孙莹等，2011）。其基本表达式为：

$$Y = f(X_1, X_2, \cdots, X_n)$$

其中，Y 表示某一基站的产出量；X_1，X_2，$\cdots$，X_n 表示参与该基站的 n 项资源投入；f 是投入转化为产出的函数关系。在所有的 n 项资源投入中，有些是可控的，有些是不可控的，还有一些是当前条件下无法观测的。通常研究的是可控投入对产出的影响，而把不可控和不可观测投入作为一个随机扰动项，因此，生产函数又可以表示为：

$$Y = f(X_1, X_2, \cdots, X_k) + \varepsilon$$

其中，前 k 项投入表示可控投入；ε 代表随机扰动项的随机量。利用生产函数进行基站资源利用效率评价内容包括：利用生产函数模拟出固定投入下的理论最大产出，采用实际产出/理论产出来评价基站建设过程中的效率；采用同样原理评价固定产出条件下最佳生产过程与被评价生产过程投入量之间的关系；采用生产函数中的系数（产出弹性），评价各投入要素对产出的影响。

（1）参数法。参数法是对经济活动的状况提出一系列假设条件，根据假设前提设定某种具体的生产函数形式，进而对生产函数中的参数进行估算。但实际生产活动与假设条件其实可能相去甚远，那么这时的测算结果就会出现较大的误差，这是参数法的一项重大缺陷。当然参数法能得到广泛应用也有很多优点，只是每种方法各不相同。参数法中应用比较多的是索洛余值法、增长核算法和随机前沿生产函数法。

1）索洛余值法。索洛余值法函数设定相对简单，适用于时间序列数据分析，目前得到广泛应用。但是，该方法在使用时需要假设技术是希克斯中性的，技术进步具有外生性质，以及假设规模报酬不变，这些假设使得索洛余值法的使用受到限制。一般来讲，现实生产情况并不能满足这些假设条件，那么应用该方法计算得到的技术进步率就不能完全表示 TFP 的增长率。此外，这个所谓的"余值"是总产出增长率中扣除各要素投入增长加权总和之后的剩余，这将导致计算所得技术进步贡献率高于实际技术进步贡献率。

2）增长核算法。该方法是在索洛余值法基础上发展起来的，从本质上来讲两者是相同的，但是相对而言增长核算法更为精确一些。该方法通过对投入要素的进一步细分，使索洛余值的一部分转化为投入要素的贡献，从而使得全要素生产率增长与实际情况更为接近。同索洛余值法一样，增长核算法也需要对生产活动做出各种假设，也同样需要假设某种函数形式，一旦做出假设就会与现实情况有一定差距。

3）随机前沿生产函数法。该方法是在假设生产函数的基础上对生产前沿面进行估计，对个体的生产过程进行了描述，从而在一定程度上可以控制生产率的估算，对于测度误差可以进行有效的控制；可以进一步对 TFP 进行分解，对全要素生产率的来源进行进一步细分，明确 TFP 增长的源泉；另外，随机前沿模型可同时应用于横截面数据和面板数据，适用范围相对广泛。但是，该方法也存在参数方法的共同缺陷。

（2）非参数法。非参数法与参数法相比，最大的区别就是不需要设定具体的函数形式也不需要对参数进行估计，从而避免了因现实情况与假设条件不能完全吻合而带来的误差。非参数法主要有指数法、DEA 方法和基于 DEA 的 Malmquist 指数法。

1）指数法。指数法中应用较多的有 Laspeyres 指数、Passche 指数、Fisher 指数和 Tornqvist 指数，而且指数法在微观经济分析中有很好的作用，因为这种方法在生产率测算中使用价格作为权重，所以在投入产出指标的数量和价格数据比较全面的情况下，这是最简单的方法。但是，该方法没有对 TFP 贡献份额进行具体分解，所以技术进步和技术效率的贡献便不得而知。

2）DEA 方法。DEA 方法在不假设具体生产函数不假设参数的前提下，使用线性规划方法得到生产前沿面。但是该方法也存在一定缺陷：首先，DEA 将观察值到前沿面的偏差都当作无效率的结果，也就对测度误差和其他噪声视而不见；其次，可能由于投入产出指标的不全面而引起结果上的偏差；最后，计算得到的效率与生产率数值都是观察值相对于所构建前沿面的相对值。

3）基于 DEA 的 Malmquist 指数法。除了具有 DEA 方法的特点之外，还具有自身独特的优势。第一，该方法虽然是指数方法但不需要有关投入产出的具体价格信息；第二，不需要对行为条件预先进行假设，在研究中普遍适用；第三，可以分解得到技术进步和技术效率对生产率的贡献。

由此可见，指标评价方法最大的问题在于难以避免地会含有主观因素，测算结果客观性较差；基于投入产出的生产率方法具有较为坚实的经济理论基础，所得结果较为客观，且实践中更具可操作性，因此成为了当前最为流行的效率评价方法。基于投入产出的生产率方法的随机前沿分析法（Stochastic Frontier Analysis，SFA）和数据包络分析法（Data Envelopment Analysis，DEA）中，鉴于 SFA 方法需要预设具体的模型形式，而现实中这往往是无法预知的，所以不需要假定函数形式的 DEA 方法显然要更具灵活性。

二、RWSBM 模型

数据包络分析法是一种基于被评价单元对象间相对比较的非参数技术效率分析方法，是 1978 年由著名的运筹学家 A. Charnes、W. W. Cooper 和 E. Rhodes 首次提出的一种系统分析方法，是通过保持决策单元（DMU）的输入或者输出不变，借助于数学规划和统计数据确定相对有效的生产前沿面，将各个决策单元投影到 DEA 的生产前沿面上，并通过比较决策单元偏离 DEA 前沿面的程度来评价它们的相对有效性，DEA 方法是效率分析方面研究中普遍采用的一种非参数效率分析方法（李献刚，2012）。自诞生之日起被广泛地应用于企事业单位经营效率、各类资源配置效率等行业领域。由于 DEA 的使用范围很广，并且系统原理相对简单，尤其是在分析多投入、多产出的情况下优势明显，因而其应用范围拓展迅速，涉及教育、电力、邮政、电信、物流企业管理等众多领域（钱振华，2011）。国内外这方面的文献数量并不多，现有文献主要是测算电信业的效率以及经营效率评价。

DEA 方法是以相对效率概念为基础，以非线性规划为工具，对同类型的部门或单位进行相对有效性或效益评价的一种非参数统计方法。应用数学规划模型计算比较决策单元之间的相对效率，对评价对象做出评价，能充分考虑对于决策单元本身最优的投入产出方案，因而能够更理想地反映评价对象自身的信息和特点，同时对于评价复杂系统的多投入多产出分析具有独到之处（孙金岭，2012）。

DEA 方法是处理多输入多输出问题的多目标决策方法，特别适用于具有多种投入多种产出的复杂系统，具有以下特点：

第一，DEA 以决策单位各输入输出的实际数据求得最优权重，从最有利于决策单元的角度进行评价，从而避免主观地确定各输入输出指标的权重（范英，2009）。

第二，DEA 方法属于非参数法，衡量效率时不需要预设投入和产出之间的生产函数与相关参数，允许生产前沿函数可以因为决策单位的不同而不同，不需要弄清楚各个评价决策单元的输入与输出之间的关联方式，排除了很多主观的因素，因而具有很强的客观性（涂斌，2011）。

第三，DEA 方法并不直接对数据进行综合，因此，决策单元的最优效率指标与投入指标值和产出指标值的量纲选取无关，应用 DEA 方法建立模型无须对数据进行无量纲化处理（卢慧，2013）。

第四，对于非有效决策单元，DEA 的评价结果不仅能指出指标的调整方向，而且还可以利用松弛变量分析给出具体的调整量。

自 1978 年首次提出 DEA 方法以来，各界学者从不同角度入手对 DEA 方法作了大量研究，DEA 理论中已有多种模型，其中应用比较普遍的模型有径向距离函数模型（CCR 模型和 BCC 模型）、至前沿最远距离模型（SBM 模型）、超效率 SE-DEA 模型、CCGSS 模型和 CCW 模型等。基于本书研究内容的需要，设计采用投影值约束加权 SBM 模型（RWSBM 模型）进行截面数据分析，采用 Malmquist 全局参比指数模型进行评价单元面板数据动态变化分析。

1. DEA 基础模型

DEA 基础模型是径向函数模型，径向函数模型中，无效 DMU 的改进方式为所有投入产出等比例增加或减少，DEA 径向距离函数模型的基础模型是 CCR 模型和 BCC 模型。

DEA 方法最基本的模型就是 CCR 模型，其基本假设是规模收益不变，模型得出的技术效率包括了规模效率的成分，所以也常常被称为综合技术效率。DEA 将效率的测度对象作为决策单元（Decision Making Unit，DMU），DMU 可以是任意的具有可以测量的投入、产出（或输入、输出）的部门、单位等单元，如厂商、学校、医院、分公司和项目决策单位，也可以是个人，如员工、学生等。必要条件是各个 DMU 之间具有可比性。

设有 n 个决策单元，每个决策单元都有 m 种类型的输入和 s 种类型的输出，其形式为：

$$
X = \begin{bmatrix} v_1 \\ v_2 \\ \vdots \\ v_i \\ \vdots \\ v_m \end{bmatrix} = \begin{bmatrix} x_{11} & x_{12} & \cdots & x_{1j} & \cdots & x_{1n} \\ x_{21} & x_{22} & \cdots & x_{2j} & \cdots & x_{2n} \\ \vdots & \vdots & & \vdots & & \vdots \\ x_{i1} & x_{i2} & \cdots & x_{ij} & \cdots & x_{in} \\ \vdots & \vdots & & \vdots & & \vdots \\ x_{m1} & x_{m2} & \cdots & x_{mj} & \cdots & x_{mn} \end{bmatrix}
$$

$$
Y = \begin{bmatrix} u_1 \\ u_2 \\ \vdots \\ u_r \\ \vdots \\ u_s \end{bmatrix} = \begin{bmatrix} y_{11} & y_{12} & \cdots & y_{1j} & \cdots & y_{1n} \\ y_{21} & y_{22} & \cdots & y_{2j} & \cdots & y_{2n} \\ \vdots & \vdots & & \vdots & & \vdots \\ y_{r1} & y_{r2} & \cdots & y_{rj} & \cdots & y_{rn} \\ \vdots & \vdots & & \vdots & & \vdots \\ y_{s1} & y_{s2} & \cdots & y_{sj} & \cdots & y_{sn} \end{bmatrix} \tag{4-1}
$$

式（4-1）中，每个决策单元 $j(j=1, 2, \cdots, n)$ 对应一个输入向量 $X_j = (x_{1j}, x_{2j}, \cdots, x_{mj})^T$ 和一个输出向量 $Y_j = (y_{1j}, y_{2j}, \cdots, y_{nj})^T$。$x_{ij}$ 为第 j 个决策单元对第 i 种类型输入的投入总量，$x_{ij} > 0$；y_{ij} 为第 j 个决策单元对第 r 种类型输出的产出总量，$y_{ij} > 0$；v_i 为对第 i 种类型输入的一种度量；u_r 为第 r 种类型输出的一种度量；$i=1, 2, \cdots, m$；$j=1, 2, \cdots, n$；$r=1, 2, \cdots, s$。

该模型假设有 n 个（$n \geq 1$）决策单元（DMU），每个 DMU 都有 m 项输入指标和 s 项输出指标。

$$
\text{Max} h_{j\varepsilon} = \frac{\sum\limits_{r=1}^{s} U_r Y_{rj\varepsilon}}{\sum\limits_{i=1}^{m} V_i X_{ij\varepsilon}} \tag{4-2}
$$

$$\text{s. t. } \frac{\sum\limits_{r=1}^{s} U_r Y_{rj}}{\sum\limits_{i=1}^{m} V_i X_{ij}} \leqslant 1$$

$$U_r \geqslant \varepsilon > 0, \quad V_i \geqslant \varepsilon > 0$$

$$r = 1, 2, \cdots, s; \quad i = 1, 2, \cdots, m; \quad j = 1, 2, \cdots, n$$

式(4-2)中，Y_{rj} 和 X_{ij} 分别为第 j 个决策单元 DMU 的第 r 项产出和第 i 项投入；U_r 和 V_i 分别为产出项 r 和投入项 i 的权重。效率评价指数 h_{j0} 的含义是：在权重 U_r 和 V_i 下，投入为 X_{ij} 产出为 Y_{rj} 时，决策单元 j 的投入产出比，即相对效率值。ε 为非阿基米德无穷小量(小于任何正数且大于 0 的数)。CCR 模型的线性规划形式为：

$$\text{Max} h_{j\varepsilon} = \sum_{r=1}^{s} U_r Y_{rj\varepsilon}$$

$$\text{s. t. } \sum_{i=1}^{m} V_i X_{ij} = 1 \qquad\qquad (4-3)$$

$$\sum_{r=1}^{s} U_r Y_{rj\varepsilon} - \sum_{i=1}^{m} V_i X_{ij} \leqslant 0$$

$$U_r \geqslant \varepsilon > 0, \quad V_i \geqslant \varepsilon > 0$$

$$r = 1, 2, \cdots, s; \quad i = 1, 2, \cdots, m; \quad j = 1, 2, \cdots, n$$

为方便计算，通过对偶形式简化，模型将被转换为：

$$\text{Min} h_{j\varepsilon} = \theta_\varepsilon$$

$$\sum_{j=1}^{m} \lambda_j x_{rj} \leqslant \theta_\varepsilon x_{ij\varepsilon}$$

$$\sum_{j=1}^{m} \lambda_i Y_{rj} \geqslant Y_{rj\varepsilon}$$

$$\lambda_j \geqslant 0$$

$$r = 1, 2, \cdots, s; i = 1, 2, \cdots, m; j = 1, 2, \cdots, n \qquad\qquad (4-4)$$

当 $\theta = 1$ 时，说明该决策单元 DEA 有效，达到最优配置；当 $\theta < 1$ 时，说明该决策单元 DEA 无效，存在资源浪费。$\lambda \neq 0$ 对应所有 j 概括为被评价的所有决策单元 DMU 参数集合，通过 $\sum\limits_{j=1}^{n} \lambda_j$ 能够判断各决策

单元 DMU 的规模报酬阶段：

当 $\sum\limits_{j=1}^{n} \lambda_j < 1$ 时，表示 DMU 处于规模报酬递增阶段；

当 $\sum\limits_{j=1}^{n} \lambda_j = 1$ 时，表示 DMU 处于规模报酬不变阶段；

当 $\sum\limits_{j=1}^{n} \lambda_j > 1$ 时，表示 DMU 处于规模报酬递减阶段。

上述的 CCR 模型以规模效益不变为假设前提，但这种假设往往与实际情况不符。判断一个决策单元无效率时，可能该单元并非技术无效率，可能是由配置效率引起的，还可能是由规模不合理引起的。BCC 模型是将技术效率分解为纯技术效率和规模效率，综合技术效率、纯技术效率及规模效率三者之间的关系为：综合技术效率（TE）= 纯技术效率（PTE）×规模效率（SE）。BCC 模型为：

$$\text{Max} h_{j\varepsilon} = \frac{\sum\limits_{r=1}^{s} U_r Y_{rj\varepsilon}}{\sum\limits_{i=1}^{m} V_i X_{ij} + V_{j\varepsilon}} \tag{4-5}$$

$$\text{s.t.} \quad \frac{\sum\limits_{r=1}^{s} U_r y_{rj\varepsilon}}{\sum\limits_{i=1}^{m} V_i X_{ij} + V_{i\varepsilon}} \leqslant 1$$

$$U_r \geqslant \varepsilon > 0, \quad V_i \geqslant \varepsilon > 0$$

$$r = 1, 2, \cdots, s; \ i = 1, 2, \cdots, m, \ j = 1, 2, \cdots, n$$

BCC 模型的线性规划形式为：

$$\text{Max} h_{j\varepsilon} = \sum\limits_{r=1}^{s} U_r Y_{rj\varepsilon} - V_{i\varepsilon}$$

$$\text{s.t.} \quad \sum\limits_{i=1}^{m} V_i X_{ij\varepsilon} = 1$$

$$\sum\limits_{r=1}^{s} U_r Y_{rj\varepsilon} - \sum\limits_{i=1}^{m} V_i X_{ij} - V_{i\varepsilon} \leqslant 0$$

$$U_r \geqslant 0, \quad V_{i\varepsilon} \geqslant 0$$

$$r=1,2,\cdots,s;i=1,2,\cdots,m;j=1,2,\cdots,n \qquad (4\text{-}6)$$

V_{j0} 代表规模报酬指标，通过 V_{j0} 能够判断出决策单元 DMU 的规模报酬阶段：

当 $V_{j0}<0$ 时，该决策单元处于规模报酬递增阶段；

当 $V_{j0}=0$ 时，该决策单元处于规模报酬不变阶段；

当 $V_{j0}>0$ 时，该决策单元处于规模报酬递减阶段。

将上述线性规划模型对偶转化为：

$$\text{Min}h_{j\varepsilon}=\theta_{\varepsilon}$$

$$\text{s. t.}\ \sum_{i=1}^{m}\lambda_i x_{ij}\leqslant\theta_{\varepsilon}x_{ij\varepsilon}$$

$$\sum_{j=1}^{n}\lambda_j x_{ij}\geqslant Y_{ij\varepsilon} \qquad (4\text{-}7)$$

$$\sum_{J=1}^{N}\lambda_j=1$$

$$\lambda\geqslant0$$

$$r=1,2,\cdots,s;\ i=1,2,\cdots,m;\ j=1,2,\cdots,n$$

当 $\theta=1$ 时，说明该决策单元 DEA 有效，达到最优配置；当 $\theta<1$ 时，说明该决策单元 DEA 无效，存在资源浪费（成刚，2014）。

2. RWSBM 模型

径向距离函数是 DEA 距离函数类型之一，常用的距离函数还有至前沿最远距离函数、至强有效前沿最近距离函数、方向距离函数、混合距离函数和成本函数等。本书根据基站资源效率评价投入产出数据特点，采用至前沿最远距离函数 SBM 模型的加权 SBM 模型，利用方向向量扫描确定指标投影值的比值范围，对投影值进行上下限约束，设计投影值约束加权 SBM 模型进行基站资源配置截面效率评价分析。我们要进行 n 个分公司 DMU 评价单元的效率评价，计为 DMU_j；每个 DMU 有 m 种投入，计为 $x_i(i=1,2,\cdots,m)$，投入的权重为 $W_i^I(i=1,2,\cdots,m)$，q 种产出，计为 $y_r(r=1,2,\cdots,q)$，产出的权重为 $W_r^o(r=1,2,\cdots,q)$，利用至前沿最远距离 SBM 模型构建不同分公司评价单元效率评价

RWSBM 模型。

在径向数据包络分析 DEA 模型中，对无效率程度的测量只包含了所有投入产出等比例变化的比例。对于资源配置无效的评价单元，当前状态与强有效目标值之间的差距，除了等比例改进的部分之外，还包括松弛改进的部分。然而松弛改进的部分在效率值的测量中并未得到体现，出于这样的考虑，Tone（2001）提出了 SBM 模型（Slack Based Measure，SBM）。

$$\min\rho = \frac{1 - \frac{1}{m}\sum\limits_{i=1}^{m} s_i^- / x_{ik}}{1 + \frac{1}{q}\sum\limits_{r=1}^{q} s_r^+ / y_{ik}} \qquad (4-8)$$

s. t. $X\lambda + s^- = x_k$

$Y\lambda - s^+ = y_k$

$\lambda,\ s^-,\ s^+ \geq 0$

DMU_k 的目标投影值为：

$$\hat{x}_k = x_k - s^-;\quad \hat{y}_k = y_k + s^+ \qquad (4-9)$$

在径向模型中，无效率用所有投入产出可以等比例减少或增加的程度来表示；而在 SBM 模型中，无效率用各项投入产出可以缩减的平均比例来测量。在 SBM 模型中，各投入产出指标在效率测量中的重要程度是相同的，根据 Tone（2001）的理论，在 SBM 模型的基础上，可以给各项投入和产出指标赋予不同的权重，以示不同指标重要性的差异。加权处理后被评价 DMU 的有效性不受影响，即 SBM 模型和加权 SBM 模型评价为有效 DMU 是相同的，但无效 DMU 的效率值和投影值会更合理。SBM 模型的投影点在前沿上距离被评价 DMU 单元最远的点，这是 SBM 不合理的地方，在 SBM 模型的基础上增加对投影的约束，对投入或产出的投影值之间的比值进行限制，使其处于一定数值范围内，一方面可以使投影值更加符合决策者的偏好，另一方面可以在一定程度上缓解 SBM 模型的缺陷。本书根据基础 SBM 模型、加权 SBM 模型和投影值约束 SBM

模型组合形成投影值约束加权 SBM 模型，投影值约束加权 SBM 模型对基站资源配置效率进行评价，在缓解了 SBM 基础模型的投影最远距离的缺陷，可以更好地考虑电信企业管理决策者偏好的同时，引入投入产出指标的权重影响，本书构建无线基站资源配置效率的投影值约束加权 RWSBM（Restricted Weighted Slack Based Measure）模型如下：

$$\min\rho = \frac{1 - \dfrac{1}{\sum_{i=1}^{m} w_i^I} \sum_{i=1}^{m} w_i^I s_i^- / x_{ik}}{1 + \dfrac{1}{\sum_{r=1}^{q} w_r^o} \sum_{r=1}^{q} w_r^o s_r^+ / y_{ik}} \qquad (4-10)$$

$$\text{s. t. } X\lambda + s^- = x_k$$

$$Y\lambda - s^+ = y_k$$

$$R_L \leqslant \frac{x_{lk} - s_l^-}{x_{uk} - s_u^-} \leqslant R_u$$

$$C_L \leqslant \frac{y_{lk} - s_l^+}{y_{uk} - s_u^+} \leqslant C_u$$

$$\lambda, \ s^-, \ s^+ \geqslant 0$$

式（4-10）中，R_L 和 R_u 分别表示两项基站建设运营投入 x_{lk} 和 x_{uk} 指标投影值比值的上限和下限，C_L 和 C_u 分别表示两项基站建设运营产出 y_{lk} 和 y_{uk} 指标投影值比值的上限和下限，w_i^I 和 w_r^o 表示基站资源运营投入产出指标的权重。

三、Malmquist 指数模型

当被评价 DMU 的数据为包含多个时间点观测值的面板数据时，就可以对生产率的变动情况、技术效率和技术进步各自对生产率变动所起的作用进行分析，这就是常用的 Malmquist 全要素生产率（Total Factor Productivity，TFP）指数。

Malmquist 生产率指数的概念最早源于 Malmquist（1953），因此这一类指数命名为 Malmquist 指数。Fare 等（1992）最早采用 DEA 的方法计算 Malmquist 指数，并将 Malmquist 指数分解为两个方面的变化：一是被评价 DMU 在两个时期内的技术效率的变化（Techical Efficiency Change，TEC）；二是生产技术的变化（Technological Change，TC），在 DEA 分析中反映生产前沿的变动情况。

Malmquist 生产率指数模型经过多年的研究和发展，包括相邻参比 Malmquist 指数模型、相邻联合前沿参比单一 Malmquist 指数模型、固定参比 Malmquist 指数模型和全局参比 Malmquist 指数模型（Global Malmquist）等。现有文献进行面板数据效率动态特征分析多采用相邻参比 Malmquist 指数模型，相邻参比 Malmquist 指数模型是最早采用也是采用最多的模型，本书构建基站资源生产率全局参比指数模型研究，主要考虑全局参比 Malmquist 指数模型的以下优势：①全局参比 Malmquist 指数模型不存在 VRS 模型无可行解的问题；②全局参比 Malmquist 指数模型的计算，相当于增加了 DMU 的数量，提高了计算精度；③全局参比 Malmquist 指数模型得出的各期效率值具有可比性，可以制作折线图、柱状图等，可以直观观察各个时期的生产率变化情况。

全局参比 Malmquist 指数模型是由 Pastor 和 Lovell（2005）提出的一种 Malmquist 指数计算方法，以所有各期的总和为参考集，各期采用同一前沿，Malmquist 生产率指数为：

$$M_g(x^{t+1}, \ y^{t+1}, \ x^t, \ y^t) = \frac{E^g(x^{t+1}, \ y^{t+1})}{E^g(x^t, \ y^t)} \tag{4-11}$$

技术效率变化：

$$EC = \frac{E^{t+1}(x^{t+1}, \ y^{t+1})}{E^t(x^t, \ y^t)} \tag{4-12}$$

前沿 t+1 与全局前沿接近的程度可用 $\dfrac{E^g(x^{t+1}, \ y^{t+1})}{E^{t+1}(x^{t+1}, \ y^{t+1})}$ 来表示，比值越大说明前沿 t+1 与全局前沿越接近；前沿 t 与全局前沿接近的程度可用 $\dfrac{E^g(x^t, \ y^t)}{E^t(x^t, \ y^t)}$ 来表示，比值越大说明 t 与全局前沿越接近；前沿 t+1 与前沿 t 相比，其技术变化则可以由两个比值的比值来表示：

$$TC_g = \frac{E^g(x^{t+1}, y^{t+1})/E^{t+1}(x^{t+1}, y^{t+1})}{E^g(x^t, y^t)/E^t(x^t, y^t)} = \frac{E^g(x^{t+1}, y^{t+1}) E^t(x^t, y^t)}{E^{t+1}(x^{t+1}, y^{t+1}) E^g(x^t, y^t)}$$

$$(4-13)$$

Malmquist 指数可以分解为效率变化和技术变化：

$$M_g(x^{t+1}, y^{t+1}, x^t, y^t) = \frac{E^g(x^{t+1}, y^{t+1})}{E^g(x^t, y^t)}$$

$$(4-14)$$

$$= \frac{E^{t+1}(x^{t+1}, y^{t+1})}{E^t(x^t, y^t)} \left(\frac{E^g(x^{t+1}, y^{t+1}) E^t(x^t, y^t)}{E^{t+1}(x^{t+1}, y^{t+1} E^g(x^t, y^t)} \right)$$

$$= EC \times TC_g$$

$$= PEC \times SEC \times TC$$

式（4-14）中，PEC 为基站资源纯技术效率变化，SEC 为基站资源配置规模效率变化，TC 为技术变化。PEC 和 SEC 的乘积为技术效率变化（EC）。技术效率变化（EC）表示从 t 到 t+1 时期，决策单元生产状况与生产前沿面的迫近程度；技术变化（TC）表示从 t 到 t+1 时期，生产前沿面的移动情况。对基站资源全要素生产率变化（MI）、纯技术效率变化（PEC）、配置规模效率变化（SEC）、技术进步变化（TC）的判别如下：

第一，基站资源全要素生产率变化（MI）的判别。当 MI>1 或 MI<1 时，表明从 t 到 t+1 期全要素生产率增长为正值或负值；当 MI＝1 时，表明从 t 到 t+1 期全要素生产率没有变化。

第二，基站资源纯技术效率变化（PEC）的判别。当 PEC>1 或 PEC<1 时，纯技术效率得到提高或退步；当 PEC＝1 时，纯技术效率没有变化。

第三，基站资源配置规模效率变化（SEC）的判别。当 SEC>1 或 SEC<1 时，规模效率提高或降低；当 SEC＝1 时，表明规模效率不变。

第四，技术进步变化（TC）的判别。当 TC>1 或 TC<1 时，表明技术在进步或衰退；当 TC＝1 时，表明技术水平没有变化。

第二节　基站配置效率评价指标体系

　　在评价指标体系设计中，要考虑指标数据采集的可行性，可以通过统计年鉴、统计公报或其他统计数据来源获取所需数据。评价指标的选择可以实现对基站资源配置效率的准确评价，并且可以满足无线网络基站资源配置效率评价的预期功能，评价体系模型要实用，无须太复杂的数学计算，使无线基站资源配置的评价结果可以很容易被解释，评价体系模型与评价方法能够在实践中被大多数电信工作者借鉴与使用。要对基站资源配置效率进行评价分析，在运用恰当的评价方法模型前提之下，同时还必须建立一套合理的无线网络基站资源配置效率评价指标体系，评价指标体系是否合理直接影响到整个效率评价的合理性。因此，在上一节内容研究的基础上，本节将构建无线网络基站资源配置效率的综合评价指标体系。

一、评价功能分析

1. 考核评估功能

　　集团通信公司或省市分公司在对各个运营商分公司无线基站建设和维护资源配置时，会对无线基站资源配置的效率进行评价，作为对各个运营商分公司的考核依据。无线基站资源配置效率较高的区域分公司，集团通信公司或省市分公司会对这些配置效率高的区域加大资源配置，并总结资源利用率高的经验进行推广。然而无线基站资源配置效率评价相对落后的区域分公司，集团通信公司或省市分公司建设部门将加大较低区域的无线基站资源的利用与监管，并相对降低对这些区域的无线网络基站资源配置。对于分公司而言，无线基站资源配置效率是无线网络规划情况与分公司综合运营管理能力的反映，无线基站资源配置效率可以作为分公司对其综合运营实施高效管理能力的衡量。

2. 配置优化功能

在进行无线基站资源配置效率评价中，一方面要对各个分公司的无线基站资源配置效率进行相对评价，另一方面是得出哪些区域资源利用率较高，投资收益较高；哪些区域基站资源配置效率较低，产出比较低。资源管理部门根据资源配置效率情况进行合理的调配资源，并督促产出低的单元加大产出量，从而提高整体资源配置效率。资源配置效率较高的区域分公司通过什么措施进行优化配置，基站资源配置效率的研究对优化基站资源配置起着指导作用。

3. 预测预警功能

通过无线网络基站资源配置效率评价，根据配置效率评价排序结果可以发现配置效率较高的区域分公司，也可以发现资源配置较低的区域分公司。资源配置效率较低的分公司，资源分配和管理部门可以督促其进行网络优化，提高资源配置效率，通过无线基站资源配置效率的评价结果可以对配置效率较低的区域分公司提出警示。资源配置效率较高的分公司，可以进行网络建设和优化措施的总结，进而以此为参考进行配置效率低的分公司的基站配置优化。通过对评价结果的分析，也可以预测在资源配置现状下未来出现的效率降低的情况，所以，无线网络基站资源配置效率评价对基站的维护起着预测预警功能。

二、指标构建原则分析

效率评价指标是一个评价体系，评价指标是相互联系、相互补充的。运用 DEA 方法和 Malmquist 指数法对基站资源配置效率进行评价，其评价指标选取的质量直接影响到效率评价结果的客观性。在实际的指标选取中，往往有一定的主观性和随意性，评价角度不同评价体系也会不同，评价指标体系的合理性会影响评价结果。所以，评价指标体系构建的有效性和科学性是效率评价的基础。评价指标体系构建一般要遵循全面性、重要性、关联性和可操作性原则，也就是说构建的指标体系可以全面反映评价内容，能显示评价指标的重要程度，投入产出评价体系指标间没有较强的相关关系，并且评价体系的指标数据可以采集。本书指标体系构建在对统计指标进行取舍与合并时主要遵循以下原则：

（1）科学性和简洁性。选择基站资源配置效率评价指标的时候，要保障选择指标能全面客观并科学有效地反映无线网络基站资源配置状况，进而在掌握配置状况的基础上进一步优化基站资源配置。本书在进行评价指标选择时广泛征求了通信运营商专家和学者的建议，并查阅了国内外大量电信业效率评价文献，从而保证了评价指标体系的科学性。在基站评价指标中，如网络质量等指标下包含很多细化指标，在进行效率评价时，这些细化的指标使得分析变得繁杂，并且影响分析结论。所以对细化指标进行了合理的取舍与合并，从而使评价指标体系更简洁实用。

（2）实用性和可比性。本章研究中的基站资源配置指标主要用于进行资源配置效率的测量和评价，实现资源优化配置。基站资源配置会有时间和空间特征，在进行评价指标选取时要考虑时间跨度上的数据系统性，同时也要考虑不同区域分公司选取数据的可比性，本章研究所用的评价体系指标数据统计口径相同。

（3）可得性和引导性。本章选取评价指标时一方面考虑到其能够涵盖基站资源配置的本质属性，另一方面还要考虑评价体系指标的数据是否容易获取。本章进行效率评价的指标体系数据均来自电信运营商统计分析的数据，是目前网络实际运行的数据，其作者是电信运营商员工，数据采集相对便利，统计口径也相对统一。

本章在进行无线网络基站资源配置效率评价的指标体系选择时，一方面考虑指标的可采集性和可计算性，另一方面考虑效率体系指标的代表性，并对指标进行合理的处理，使其更有效地进行效率评价。

三、变量选取和数据来源

1. DEA 方法的指标选取与定义

从生产可行集的角度考虑，DEA 模型的投入指标（x）和产出指标（y）应该大致满足如下关系：x 能生产 y；y 是由 x 生产出来的。

在实际应用中，应注意区分投入产出指标与效率（或生产率）影响因素的不同。DEA 方法要求投入指标或产出指标之间不存在高度相关性（共线性），共线性的存在不会导致错误的分析结果。实际上，在许多生产实践中，往往在客观上要求两种或两种以上生产要素要按一定比例投入，如在无线网络基站资源配置中，建设成本投入大则建设基站数量就多，基站数量多就自然会导致维护成本增加。建设成本和维护成本的比例就存在着一个合理的范围，在实际数据中建设成本和维护成本就存在高度相关性。

但是在指标数量较多而造成区分能力不足时，从尽量减少投入指标数量并尽可能包含更多生产要素的角度出发，可首先考虑从模型中排除高度相关的指标。DEA 模型是基于生产可能集理论的线性规划方法，生产可能集是决策单元的线性组合，从理论上讲，DEA 模型中的投入和产出可以线性相加。率或比值是由分子指标或分母指标相除得出的，如果各 DMU 的率指标的分母数值不同就会产生错误的可能集，也可能产生不符合逻辑的结果。例如，反映基站投入和产出的指标有很多是率或比值的形式，如覆盖率、掉线率等。如果直接采用率作为投入或产出指标，在 CRS 模型中，投影分析的结果可能会出现率的目标值大于 100 的情况。虽然采用 VRS 模型可以避免出现这种问题，但是 VRS 模型仍然存在 DEA 模型确定的生产前沿处于生产可能集之外的问题（Emrouznejad and Amin，2009）。本书利用 Cooper（1985）提出的投入产出指标上限和下限模型（Bouned Variable Model），可以看作对不可控投入产出指标模型的一般化处理。

2. 文献初选

现阶段主要的指标筛选方法有文献优选法、主观筛选法（德尔菲法）、线性筛选法和非线性回归法等。本书首先根据上节指标选择的原则用文献优选法进行指标初步选定。

（1）投入变量选择。根据文献研究电信业效率分析投入指标分析，企业主要的投入是网络建设、网络维护和人员投入。不同的研究因为不同的研究目标在投入指标的命名和分类上也会不同。在网络建设方面，大部分把固定资产总额作为投入指标，也有的学者用基站的数量代表部分固定资产。由于网络基站的运营维护费用较大，一些研究者将能耗费用、维护费用等作为投入指标。投入指标以基站建设、房屋土建、维护费用、人工成本、职工人数等作为投入指标。

（2）产出变量选择。在国内外电信业产出文献中，产出指标主要集中在业务收入、业务量和服务用户数等方面。在业务收入方面，一些研究者采用营业业务收入、语音业务收入、增值业务收入和数据业务收入等作为产出指标；在服务业务量方面，一些学者采用业务总量、语音业务量和数据业务量等作为产出指标；在服务用户数方面会采用用户数、市场占有率和净增用户数等作为产出指标。国内文献关于网络基站资源投入产出变量选择的具体情况统计如表4-1所示。

表4-1　基于文献优选选出的投入产出指标

分类	变量	频次	白秀广	王嘉嘉	吕红	韩文琰	李东	马佳	Resende M	刘军	王军
产出指标	客户占比	1	√	—	—	—	—	—	—	—	—
	语音业务收入	3	—	√	—	—	—	—	√	√	—
	数据业务收入	3	—	—	—	—	—	—	—	—	√
	业务收入	5	√	√	—	√	√	—	—	—	√
	业务总量	2	—	—	√	—	—	—	—	—	—
	现金净流量	1	—	—	—	√	—	—	—	—	—
	净增用户数	1	—	—	—	—	—	√	—	—	—
	用户占有率	2	—	—	—	—	—	√	—	√	—
	移动用户数	3	—	—	√	—	—	—	—	—	√

续表

分类	变量	频次	白秀广	王嘉嘉	吕红	韩文琰	李东	马佳	ResendeM	刘军	王军
投入指标	网络建设	4	√	√	—	—	—	√	—	—	√
	房屋土建	2	√	—	—	—	—	√	—	—	—
	维护费用	1	√	—	—	—	—	—	—	—	—
	营销费用	1	—	√	—	—	—	—	—	—	—
	人工成本	1	—	√	—	—	—	—	—	—	—
	基站数量	2	—	√	—	—	—	—	—	—	√
	管理支出	1	—	√	—	—	—	—	—	—	—
	职工人数	5	—	—	√	√	—	—	√	√	—
	资产总额	5	—	—	√	√	√	—	—	√	√
	运营成本	1	—	—	—	√	—	—	—	—	—

无线网络基站是电信业企业运营的核心部分，无线网络基站的运营效率是电信业运营效率的重要部分。电信业企业运营的投入产出指标是无线网络的投入产出指标的重要组成部分，无线网络基站运营投入产出指标还有着自身特有的部分，实践证明，网络质量代表着无线网络基站服务质量是重要的产出指标，本书将网络质量初步作为产出指标。作为产出指标的建设指标，无线网络基站建设资金在数据采集时电信运营商是分为小型建筑工程、安装设备费用、安装费和进场协调费等进行统计的，本节研究按照实际采集情况进行初步汇总，如表4-2所示，并进行指标解释，后续根据专家意见进行指标选择。

表4-2　无线网络基站资源配置效率评价指标

分类	变量	指标代码	指标解释
产出指标	客户占比	A11	高端用户数占比情况
	语音业务量	A12	移动用户通话产生的业务流量
	数据业务量	A13	移动上网等数据业务产生的流量
	业务收入	A14	移动业务总收入

分类	变量	指标代码	指标解释
产出指标	业务总量	A15	移动业务总量
	现金净流量	A16	财务现金流
	净增用户数	A17	和上期相比用户增加数
	网络质量	A18	包含多项质量评价指标的合计
	新增业务量	A19	和上期相比业务量增加
	用户占有率	A20	用户数占总体市场用户数比例
	移动用户数	A21	产生费用的出账用户数量
投入指标	网络建设	B11	基站建设投入成本
	房屋土建	B12	包含建站所需房屋建设费用
	维护成本	B13	包含电费、房屋租赁费等维护费用
	营销费用	B14	广告费用、发展奖励和佣金成本
	人工成本	B15	用于支付员工的工资和绩效成本 v
	宏站个数	B16	无线网络基站数量
	管理支出	B17	用于流程优化、人员培训等管理费用
	年末在册人数	B18	区域公司员工人数
	资产总额	B19	无线网络总体资产额度
	运营成本	B20	电费和设备维修费用
	小型建筑工程	B21	基站建设的小型工程相关费用
	安装设备费	B22	基站设备费用
	建筑安装工程费	B23	基站建设时安装工费
	进场协调费	B24	建站协调场地需要的费用
	其他建设费用	B25	基站建设和维护的其他费用
	能耗成本	B26	主要指基站运行所需的电费

3. 专家筛选

通过德尔菲法进行评价指标筛选，就是经过专家咨询得到专家的"意见集中度"和"意见协调度"。专家评定按照重要程度分为五个等级，分别给予1分、3分、5分、7分和9分的分值。意见集中度是专家打分的算术平均值，分值的变差系数表示专家的意见协调度。

意见集中度 C_j 和意见协调度 V_j 的计算公式如式（4-15）所示：

$$C_j = \frac{\sum_{i=1}^{n} X_{ij}}{n}$$

$$V_j = \frac{\sqrt{\frac{1}{n-1}\sum_{i=1}^{n}(X_{ij}-C_j)^2}}{C_j} \quad (j=1, 2, \cdots, m) \quad (4-15)$$

式（4-15）中：X_{ij} 为第 i 个专家对第 j 个指标所打的分值，n 为专家人数，m 为指标数。C_j 越大，说明该指标的相对重要性越大；V_j 越小，说明该指标的争议越小。

本书共计咨询了 17 个地市分公司和省级分公司 20 位电信业管理专家，专家的意见集中度和意见协调度如表 4-3 所示：

表 4-3　专家的意见集中度和意见协调度

分类	变量	指标代码	意见集中度	意见协调度
产出指标	客户占比	A11	7.32	0.24
	语音业务量	A12	7.95	0.18
	数据业务量	A13	7.98	0.18
	业务收入	A14	8.36	0.16
	业务总量	A15	7.48	0.27
	现金净流量	A16	6.86	0.2
	净增用户数	A17	7.05	0.25
	网络质量	A18	7.83	0.21
	新增业务量	A19	7.61	0.17
	用户占有率	A20	7.33	0.29
	移动用户数	A21	7.37	0.2
投入指标	网络建设	B11	8.32	0.22
	房屋土建	B12	7.75	0.27
	维护成本	B13	8.29	0.2
	营销费用	B14	6.38	0.28
	人工成本	B15	7.48	0.26

续表

分类	变量	指标代码	意见集中度	意见协调度
投入指标	宏站个数	B16	7.85	0.22
	管理支出	B17	7.43	0.25
	年末在册人数	B18	8.27	0.21
	资产总额	B19	8.22	0.24
	运营成本	B20	6.47	0.29
	小型建筑工程	B21	7.04	0.19
	安装设备费	B22	7.18	0.21
	建筑安装工程费	B23	7.39	0.24
	进场协调费	B24	7.31	0.21
	其他建设费用	B25	7.84	0.21
	能耗成本	B26	8.21	0.19

专家的意见集中度和意见协调度如图 4-1 所示。

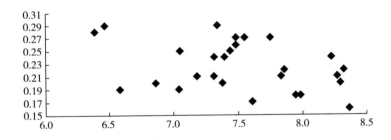

图 4-1　专家的意见集中度和意见协调度

根据网络评价指标综合各专家的意见协调度和意见集中度，本书剔除意见集中度小于 7.5 和意见协调度大于 0.23 的指标，并尽可能兼顾保留文献使用频次较多的投入产出指标。投入指标包含建设成本、维护成本、宏站数量和年末在册人数。产出指标包含业务收入、网络质量，实际电信企业统计口径的工程费用、安装设备费用、小型工程费、进场协调费和其他费用专家意见统一归为建设成本，能耗成本归为维护成本。将专家咨询投入产出指标重新编码，结果如表4-4所示：

表4-4 专家咨询投入产出指标

指标类型	名称	代码	指标解释
投入 指标	建设成本（百万元）	T01	包括小型建筑工程费、需要安装的设备费、无须安装的设备工器费和建筑安装工程费等投资
	维护成本（百万元）	T02	第一部分是基站设备需要的电费等能耗成本，第二部分为设备维修等维护成本，第三部分是场地租赁和协调等费用
	宏站数量（个）	T03	各个单元的室外宏站数量，是无线资产总额的指标
	年末在册人数（人）	T04	各个DMU的从事无线网络基站维护的人员数量
产出 指标	业务收入（千万元）	C01	无线移动用户业务总收入
	网络质量	C02	包括网络质量评估、无线网维护指标和移动客户感知三个部分的得分合计

初步选定以上投入产出指标构建无线网络资产配置效率评价指标体系，但是 DEA 数据包络分析法为非参数前沿分析方法，相对于参数分析方法对评价单元数量的要求不多，在评价单元数量少于投入产出指标数量时，评价结果会出现多数或全部评价单元均有效而无法进行效率评价排序。按照 DEA 方法评价要求，DMU 的数量应大于投入产出指标数量的乘积，同时不少于 3×（投入指标数量+产出指标数量），按照地市级运营商分公司为评价单元是 17 个评价单元，根据专家意见初步筛选投入四项指标，产出两项指标，17 个评价单元大于投入产出指标数量的乘积 8，但不大于 3×（投入指标数量+产出指标数量）的结果 18。为了尽可能地保留必要的投入产出指标，本书研究将维护成本和建设成本合计为建维成本，通过专家咨询结果和指标合并选定投入产出评价指标并进行重新编号，构建基站资源配置效率评价指标体系如表4-5所示。

表 4-5　无线网络基站资源配置效率评价指标体系

指标类型	指标名称	指标代码
投入指标	建维成本（百万元）	X1
	无线基站数量（个）	X2
	年末在册人数（人）	X3
产出指标	业务收入（万元）	Y1
	出账用户（万部）	Y2

4. 模型数据采集

17 个地市分公司（DMU）被一个中心决策的部门管理，也就是省公司网络建设部和网络运行维护部，网络建设部主管各个地市分公司的建设资金配置，网络运行维护部负责各个地市分公司的维护资金分配，这两个部门控制投入资源来实现组织的目标。数据取自某通信运营商的维护成本实际分配统计，维护成本主要包括设备维护更换费用、电费和租赁费等，由省级分公司网络运行维护部统一进行分配，本节数据采集该运营商年度分析和《中国通信年鉴》2006~2015 年的投入产出数据。投入产出数据采集描述性统计如表 4-6 和表 4-7 所示。

表 4-6　2006~2015 年山东省某电信运营商投入产出指标描述性统计

指标	N	极小值	极大值	均值	标准差
建维投入（万元）	10	150400	284932	215118.1	39808.72
基站配置规模	10	5746	35404	20119	10760
技术人员	10	377	572	509	91
月均收入（万元）	10	67406.63	115565.28	93960.46	15094.43
出账用户（万部）	10	962.34	2641.15	1896.54	609.13
有效的 N	10				

表 4-7　2010~2014 年样本地市基站资源配置投入产出指标描述性统计

指标	N	极小值	极大值	均值	标准差
建维投入（万元）	170	2506.38	39798	12654	8112.79
基站配置规模（个）	170	96	4341	1183.46	919.38
技术人员（人）	170	9	73	29.96	17.68
月均收入（万元）	170	683.14	17969	5527.09	3906.03
出账用户（万部）	170	12.42	378.02	111.56	78.63
有效的 N	170				

第三节　基站综合效率时序变化与空间异质性

　　本节利用上节设计的 DEA 效率评价模型对基站配置综合效率进行研究，分析基站配置综合效率的时序变化情况和空间演化特征，并进一步探析影响综合效率的影响因素。

一、综合效率变化总体特征与时序演化

　　基于省分公司 2006~2015 年投入产出数据，利用 RWSBM 模型分析该公司基站资源配置效率评价结果如表 4-8 所示。

表 4-8　2006~2015 年基站资源配置效率

年份	综合效率	纯技术效率	规模效率	规模报酬
2006	0.460	0.694	0.663	Irs
2007	0.587	0.794	0.739	Irs
2008	0.569	0.815	0.698	Irs
2009	0.712	0.823	0.865	Irs
2010	0.819	0.865	0.947	Irs

续表

年份	综合效率	纯技术效率	规模效率	规模报酬
2011	0.922	0.961	0.959	drs
2012	0.970	0.989	0.981	递增
2013	1.000	1.000	1.000	—
2014	0.956	0.967	0.989	Irs
2015	0.976	1.000	0.976	递减
平均值	0.797	0.891	0.882	—

基站资源配置综合效率变化如图 4-2 所示，2006～2015 年该省份电信运营商无线网络基站资源配置综合效率均值为 0.797，2013 年综合效率有效，均值为最优水平的 79.7%。总体时序变化特征呈现上升态势，纯技术效率较低且生产要素投入不足，使得 2006 年综合效率仅为 0.46，随后 7 年随着生产要素投入的加大、网络规模的不断增加和技术效率的不断增加，至 2013 年综合效率达到最大，综合效率值最优，随后随着网络规模的过度扩张综合效率略有下降。2010～2013 年由于 3G 业务的大规模投资和发展，网络配置综合效率值逐年上升。

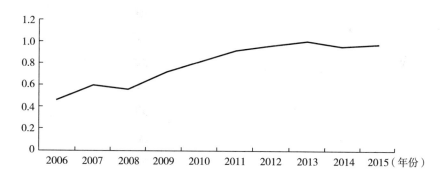

图 4-2　基站资源配置综合效率变化

基站资源配置纯技术效率变化如图 4-3 所示，纯技术效率均值为 0.891，略高于综合效率平均水平，研究区间内呈现 8 年的连续上升趋势，2013 年以后达到最优，后续两年相对平稳，2009 年和 2010 年大规模商用 3G 移动通信，新技术的投入运营使纯技术效率大幅度连续增加。2006 年的纯技术效率最低，为 0.694，纯技术效率偏低，当时无线通信技术 2G 技术已经运营七八年的时间，新技术的强大生命力和对市场的刺激逐渐降低而新的通信技术还没有出现，可以看出 2006 年生产要素投入和产出不合理，影响效率水平的提高。

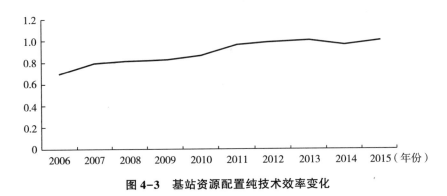

图 4-3　基站资源配置纯技术效率变化

该电信运营商这十年的基站规模效率均值为 0.882，略低于纯技术效率，略高于综合效率，变化折线图如图 4-4 所示。研究区间内整体呈现小幅上升趋势。通过规模效率、综合效率和纯技术效率值可以得知，纯技术效率和规模效率同时影响综合效率的不断提升，纯技术效率的影响略高于规模效率对综合效率的影响。因此，有效提高无线通信技术水平，合理地扩张网络规模能够有助于基站资源配置综合效率的整体提升。

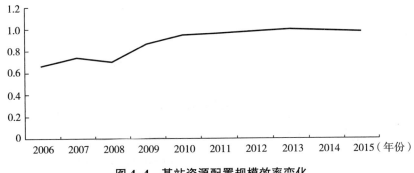

图 4-4　基站资源配置规模效率变化

二、综合效率时空异质性与演化特征

1. 三类规模地市分公司时序变化特征

分别汇总该电信运营商三类规模地市分公司的综合效率、纯技术效率和规模效率的情况，如表4-9所示。

表4-9　2006～2015年三类规模地市分公司基站资源配置效率

年份	综合效率			纯技术效率			规模效率		
	A类	B类	C类	A类	B类	C类	A类	B类	C类
2006	0.797	0.742	0.478	0.847	0.847	0.89	0.941	0.886	0.537
2007	0.765	0.619	0.378	0.852	0.725	0.739	0.898	0.758	0.511
2008	0.716	0.744	0.438	0.774	0.698	0.731	0.925	0.83	0.6
2009	0.848	0.481	0.665	0.85	0.72	0.781	0.999	0.942	0.851
2010	0.839	0.437	0.782	0.86	0.722	0.87	0.975	0.902	0.9
2011	0.848	0.758	0.733	0.865	0.865	0.824	0.981	0.883	0.89
2012	0.7	0.742	0.629	0.767	0.859	0.813	0.913	0.875	0.773
2013	0.737	0.725	0.612	0.774	0.834	0.702	0.952	0.877	0.873
2014	0.758	0.759	0.591	0.844	0.85	0.718	0.897	0.899	0.823
2015	0.692	0.736	0.618	0.767	0.845	0.715	0.903	0.879	0.864
平均值	0.775	0.674	0.592	0.818	0.796	0.778	0.946	0.873	0.762

从图4-5中可以看出，三类规模地市分公司综合效率呈现先增长后微降的趋势，综合效率均值A类规模地市分公司最大，B类规模地市分公司综合效率均值其次，C类规模地市分公司基站资源配置综合效率均值最低。表明如济南、青岛、烟台、潍坊和临沂五个网络规模和收入规模较大的地市分公司的基站综合效率较高，日照和莱芜小规模地市由于纯技术效率和规模效率均不高，导致基站资源配置综合效率偏低。中等规模地市分公司2009年和2010年综合效率出现大幅转折，主要由于2008年运营商重组合并后，中等规模地市运营商大规模投入网络建设费用，导致综合效率大幅下降，随着经营发展的迅速勃起，中等规模分

公司综合效率又持续上升。

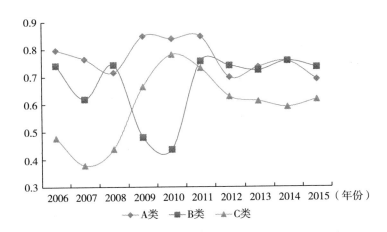

图4-5　2006~2015年三类规模地市分公司综合效率静态特征

从图4-6中可以看出，三类规模地市分公司纯技术效率表现相对变化不大，A类规模地市分公司纯技术效率高于另外两类规模地市分公司，C类小规模地市分公司纯技术效率均值最小，主要是日照和莱芜这类小规模地市分公司技术人员较少，技术力量不足导致的。三类规模地市分公司纯技术效率相差不大，区间变化不明显，因为电信运营商2008年进行重组合并，2009~2010年为无线2G网络建设和大发展阶段，2011~2013年为无线3G通信的基站大规模建设期和业务需求高峰期，2015年各家运营商又投入无线4G-LTE的使用。电信运营商作为信息业务服务提供商，新技术新业务的使用贯穿电信运营商发展的全过程，电信运营商综合效率的不断提高，很大一部分得益于纯技术效率的贡献。

2006~2015年三类规模地市分公司规模效率静态特征如图4-7所示，三类规模地市分公司规模效率呈现平稳增长的趋势，A类大规模地市分公司规模效率均值最大，C类小规模地市分公司规模效率均值最小，三类规模地市分公司的规模效率均值分别为0.946、0.873和0.762。地市分公司规模越大，网络建设投资也越多，用户规模也越大，规模效应越明显。

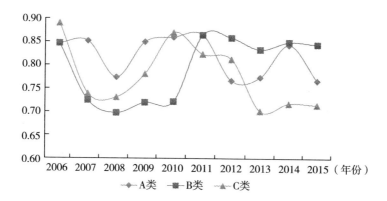

图4-6　2006~2015年三类规模地市分公司纯技术效率静态特征

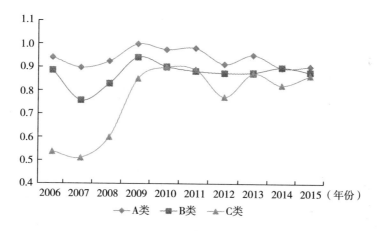

图4-7　2006~2015年三类规模地市分公司规模效率静态特征

2. 样本地市综合效率时序特征

对17个地市分公司2006~2015年投入产出年均值进行RWSBM模型运行分析，得到17个地市分公司基站资源配置效率均值如表4-10所示。

表4-10　2006~2015年样本地市分公司基站配置效率均值

DMU	综合效率	纯技术效率	规模效率	排名
青岛	1.000	1.000	1.000	1
济宁	1.000	1.000	1.000	2

续表

DMU	综合效率	纯技术效率	规模效率	排名
济南	0.905	1.000	0.905	3
临沂	0.826	1.000	0.826	4
威海	0.812	0.876	0.927	5
淄博	0.800	1.000	0.800	6
日照	0.790	0.892	0.886	7
德州	0.783	0.895	0.875	8
枣庄	0.512	0.657	0.780	9
东营	0.751	0.802	0.937	10
聊城	0.749	0.871	0.860	11
潍坊	0.726	0.758	0.957	12
滨州	0.722	0.887	0.814	13
烟台	0.701	0.737	0.950	14
菏泽	0.696	0.752	0.926	15
泰安	0.694	0.762	0.910	16
莱芜	0.611	0.867	0.705	17

从表 4-10 中可以看出，两种模型的运行结果一致，得出结论如下：

纯技术效率均值为 1 的地市分公司有青岛、济宁、济南、临沂和淄博共五个分公司，综合效率和规模效率均值为 1 的地市分公司分别为青岛和济宁，总体上看山东该通信运营商基站资源配置效率偏低，这种状况是纯技术效率和规模效率共同作用的结果。青岛、济宁等五个地市分公司的纯技术效率均值为 1，说明这五个地市分公司基站资源经营利用水平相对很高。青岛和济宁的综合效率和规模效率的均值均为 1，说明这两个地市分公司的基站资源配置水平达到相对最优，因此可以维持现有投入水平。其他 12 个地市分公司的基站资源配置效率水平都不高，纯技术效率和规模效率都不同程度地影响了综合效率水平，因此，要提高无线网络基站资源配置综合效率不仅要提高基站资源经营利用水平，还要调整投入产出比例结构和生产规模。

三、基站综合效率影响因素分析

1. 模型建立和变量选取

为了进一步研究基站综合效率的影响因素，本节采取平衡面板数据分析基站综合效率的影响因素，平衡面板数据模型包含随即效应模型和固定效应模型。本节参考历史文献和实际工作经验选择产业结构、区域经济、人力资源、网络质量和竞争环境五个指标作为分析影响基站综合效率的变量。通过 Tobit 模型剖析影响山东电信业基站综合效率的深层次原因，设计 Tobit 模型如下：

$$\ln Y_I = \beta_0 + \beta_1 \ln GDP_i + \beta_2 \ln EDU_i + \beta_3 \ln NET_i + \beta_4 \ln CPT_i + \beta_5 \ln STR_i + \mu_i$$

$$(4-16)$$

式（4-16）中，Y_I 表示第 i 个区域基站综合效率值；β_0 表示回归式的常数项；$\beta_1 \sim \beta_5$ 表示各自变量的回归系数；μ_i 表示回归式的误差项。产业结构（STR）用第三产业增加值占地区生产总值的比重表示；区域经济（GDP）用地区生产总值表示，单位为亿元；人力资源（EDU）用区域大专以上受教育人数占地区总人口的比例表示；网络质量（NET）用各个区域网络质量考核得分，单位为分；竞争环境用各个区域他网用户占区域总用户的比例表示。数据来源于 2006～2015 的《山东统计年鉴》《中国教育年鉴》《中国通信年鉴》与山东该运营电信商经营和运维的年度、月度分析。

2. 基站综合效率影响因素分析

表 4-11 给出了基站综合效率的面板数据回归结果，从表 4-11 中可以看出，固定效应和随机效应回归的拟合优度均高于 OLS 估计，且固定效应的对数似然值远远大于 OLS 估计。然而从 Hausman 检验的伴随概率值（0.253）大于 0.05，可以知道模型接受随机效应的原假设，所以最终选择面板随机效应模型进行分析。

表 4-11　基站综合效率的面板数据回归结果

变量	模型（1） OLS 回归	模型（2） 随机效应模型	模型（3） 固定效应模型
GDP	0.121***	0.217***	0.314***
	（1.421）	（1.519）	（1.421）
STR	0.101	0.322	0.303
	（0.616）	（1.889）	（1.971）
NET	0.623***	0.610***	0.611***
	（1.602）	（1.503）	（1.901）
CPT	-0.070**	-0.085**	-0.082**
	（-2.347）	（-3.220）	（-2.541）
EDU	0.007	0.004	0.003
	（0.415）	（0.191）	（0.128）
常数项	0.289***	0.441***	0.533***
	（2.986）	（3.201）	（2.867）
N	170	170	170
R^2	0.232	0.276	0.288
F	11.293		15.091
ll	66.017		213.021
Hausman	chi2（5）= 3.32	Prob>chi2 = 0.253	

注：ll 表示对数似然值，括号中为 t 统计量，* 表示 p<0.10，** 表示 p<0.05，*** 表示 p<0.01。

从表 4-11 中可以看出，区域经济对基站综合效率影响显著为正，回归系数为 0.217，表明区域经济和基站综合效率呈显著正相关关系，区域经济的发展带来了电信业基站综合效率的增长。产业结构（STR）对山东电信业基站综合效率影响为正，但统计性不显著，即产业结构的取值越大，对应的基站综合效率也越大，产业结构每提高 1 个单位，电信业基站综合效率就提高 0.322 个单位。网络质量（NET）对山东电信业基站综合效率影响显著为正，回归系数为 0.610，即地市区域分公司无线基站网络质量越好，基站配置效率越高，各个地市区域分公司应该合理地进行基站配置规划和网络优化，提高基站网络运行质量，实现基站配置效率的有效提升。竞争环境（CPT）对山东电信业基站配置效率影响为负，统计性在5%以下显著，表明他网用户占比越高，本网面对区域竞争越激烈，自身运营商的市场占有率越低，自身企业基站配置效率也就越低；人力资源（EDU）对基站配置效率影响为正，但统计性不显著，回归系数为0.004，大专及以上人数占地区总受教育人数比重提高，并没有显著带来区域电信业基站配置效率的增长。

第四节　基站全要素生产效率的时空演化特征

本节利用前上节设计的 Malmquist 指数模型对基站全要素生产效率进行研究，分析基站全要素生产效率的时序变化情况和空间演化特征，并进一步探析影响生产效率的影响因素。

一、基站生产效率总体特征与时序演化

MAXDEA 软件全局参比指数模型运行样本数据，总体样本效率时序分析结果如表4-12和图4-8所示。

表4-12　2006~2015 年总体样本的基站资源 TFP 变化率及其分解

年份	全要素生产率 Malmquist Index	技术进步 变化 TC	技术效率 变化 EC	纯效率 变化 PEC	规模效率 变化 SEC
2006~2007	0.8524	0.9680	0.8805	0.9968	0.8833
2007~2008	1.1616	1.0205	1.1383	1.0557	1.0782
2008~2009	0.9341	1.0440	0.8948	0.9093	0.9826
2009~2010	1.2327	1.2288	1.0032	1.0058	0.9974
2010~2011	1.3301	0.8322	1.5982	1.5398	1.0379

续表

年份	全要素生产率 Malmquist Index	技术进步 变化 TC	技术效率 变化 EC	纯效率 变化 PEC	规模效率 变化 SEC
2011~2012	1.1467	1.0980	1.0443	0.9901	1.0548
2012~2013	1.0700	1.0901	0.9816	0.9827	0.9988
2013~2014	1.0311	0.9562	1.0784	1.0498	1.0272
2014~2015	0.7930	0.8253	0.9608	0.9547	1.0064
平均值	1.0613	1.0070	1.0644	1.0539	1.0074

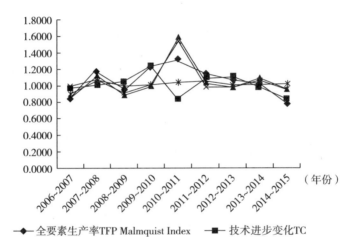

图 4-8 总体样本基站资源配置 TFP 时序动态演进特征

通过表 4-12 和图 4-8 可以看出，2006~2015 年该运营商总体 Malmquist 生产率指数大于 1，意味着全要素生产率持续增加，但每年增长的比例有所不同，2006~2015 年的平均增长率为（1.0613-1）×100% = 6.13%，2010~2013 年由于 3G 的投入运营，全要素生产效率变化较大。2010~2011 年 Malmquist 生产率指数增长幅度最大，增长中大部分来自于技术效率变化的贡献；2005~2015 年技术进步指数平均增长（1.007-1）× 100% = 0.7%，同时，2006~2007 年、2010~2011 年、2013~2014 年和 2014~2015 年技术进步变化指数是下降的，其他各年是增长的，其中

2010~2011 年和 2014~2015 年下降幅度较大。2008~2009 年等四个年份技术效率变化指数是下降的，其他各年也都是增长的，2010~2011 年增长幅度最大，2014~2015 年技术效率略有下降，2006~2015 年技术效率平均增长（1.0644-1）×100%＝6.4%。

技术效率变化指数进一步分解为纯技术效率变化指数和规模效率变化指数，纯技术效率变化指数和规模效率变化指数在 2006~2015 年整体都呈现增长趋势，但增长率差别较大，纯技术效率平均增长（1.0539-1）×100% = 5.39%，而规模效率平均增长（1.0074-1）×100%＝0.74%，由此可以看出，这十年来，该电信运营商技术效率提高更多的是纯技术效率。但是从每年的情况来看，纯技术效率变化指数和规模效率变化指数的作用大小又不尽相同，如我们发现 2014~2015 年纯技术效率下降较大，虽然企业规模效率呈现增加的情况，依然引起了技术效率下降。

二、基站生产效率空间异质性与演化特征

1. 三类规模地市生产效率时序演化特征

根据 Malmquist 模型分析结果，汇总三类规模地市公司的生产率变化情况如表 4-13 和图 4-9 所示。

表 4-13　2006~2015 年三类规模地市基站资源 TFP 变化率及其分解

年份	技术效率变化指数			技术进步变化指数			全要素生产率变化指数		
	A 类	B 类	C 类	A 类	B 类	C 类	A 类	B 类	C 类
2006~2007	0.987	0.836	0.881	1.156	0.892	0.994	1.141	0.746	0.876
2007~2008	1.014	1.201	1.136	0.921	1.094	0.942	0.934	1.314	1.069
2008~2009	0.883	0.729	1.117	1.025	1.172	1.599	0.906	0.855	1.786
2009~2010	1.118	0.967	1.002	1.253	1.297	1.114	1.401	1.254	1.116
2010~2011	1.828	1.871	1.102	0.802	0.747	0.628	1.465	1.398	0.693
2011~2012	0.977	0.976	0.967	1.110	1.096	1.086	1.084	1.070	1.050

续表

年份	技术效率变化指数			技术进步变化指数			全要素生产率变化指数		
	A类	B类	C类	A类	B类	C类	A类	B类	C类
2012~2013	0.989	0.979	0.982	1.074	1.119	1.013	1.062	1.095	0.994
2013~2014	1.140	1.058	1.086	1.023	0.936	0.945	1.166	0.990	1.026
2014~2015	0.971	0.976	0.890	0.808	0.851	0.765	0.785	0.831	0.681
平均值	1.101	1.066	1.018	1.019	1.023	1.010	1.105	1.061	1.032

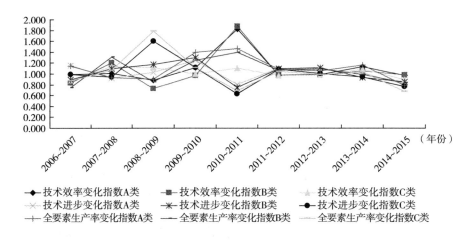

图4-9　2006~2015年三类规模地市基站资源 TFP 变化率

由表4-13和图4-9可以看出，三类规模地市分公司生产率变化情况大致相同，均在 2010~2013 年四年的时间呈现持续的增长趋势，2014~2015 年呈现不同程度的下降趋势，2007~2008 年时间生产率变化指数涨跌不一。A 类规模地市生产率变化出现"下降→增长→下降"的倒"N"形特征，而中小规模地市分公司生产率呈现增长和下降的更迭演进态势。

三类规模地市生产率平均变化情况不同，A 类规模地市生产率平均增长率为（1.105-1）×100＝10.5%，中等规模地市公司生产率平均增长 0.61 个百分点，C 类小规模地市平均增长率为 0.32 个百分点，由此可见，山东该运营商基站资源生产率增加主要是由 A 类大规模地市分公司贡献。

2015 年三类规模地市分公司生产率均出现不同程度的下降，主要是因为 2015 年各个地市分公司大规模地投资 4G 基站网络建设，而 4G 业务的发展还在起步期，但 2G 和 3G 用户大规模地离网，同时由于资费的进一步优惠，各个地市分公司的业务收入也在大幅度下降，导致 2015 年生产率大幅度下降，中等规模地市下降幅度最小，大规模 A 类地市下降其次，小规模地市下降幅度最大。

2. 样本地市生产效率时序动态演进特征

统计各个样本单元 17 个地市分公司的生产率变化平均值如表 4-14 所示。

表 4-14　2006～2015 年各样本地市公司的 TFP 变化率及其分解

	技术进步变化指数 TC	技术效率变化指数 EC	全要素生产率 TFP	规模效率变化指数 SEC	纯效率变化指数 PEC
济南	1.0198	1.0698	1.0910	1.0100	0.9815
青岛	1.0382	1.1337	1.1770	1.1337	1.0000
潍坊	0.9983	1.0921	1.0902	1.1089	0.9849
临沂	1.0038	1.1017	1.1059	1.1213	0.9825
烟台	1.0363	1.1743	1.2169	1.1767	0.9980
淄博	1.1005	1.0153	1.1173	1.0344	0.9816
东营	0.9637	1.1151	1.0746	1.1406	0.9776
济宁	1.1565	1.0071	1.1647	1.0071	1.0000
泰安	1.0087	1.1121	1.1218	1.1112	1.0009
威海	0.9954	1.0686	1.0637	1.0732	0.9958
枣庄	1.1036	0.9983	1.1018	0.9983	1.0000
德州	0.9918	1.1042	1.0951	1.0678	1.0341
聊城	1.0073	1.0705	1.0783	1.0574	1.0123
滨州	0.9594	1.1131	1.0680	1.1275	0.9873

	技术进步变化指数 TC	技术效率变化指数 EC	全要素生产率 TFP	规模效率变化指数 SEC	纯效率变化指数 PEC
菏泽	1.0325	1.0652	1.0998	1.0484	1.0160
莱芜	1.0170	1.0355	1.0531	1.0355	1.0000
日照	0.9809	1.0327	1.0129	1.0372	0.9764

从表 4-14 数据可以看出 17 个地市分公司 2006~2015 年的平均 Malmquist 生产率指数（MI）、技术效率变化指数（EC）、技术进步变化指数（TC）、规模效率变化指数（SEC）和纯效率变化指数（PEC）。整体可以看出 17 个地市全要素生产率变化指数均大于 1，表明各个地市全要素生产率均为正增长，增长幅度不尽相同，生产率增长最大的是烟台公司，增幅为 21.69%，济宁、青岛、泰安和淄博四个地市的生产率指数增长幅度较大，均超过 10%，聊城、东营、滨州和日照等增长幅度较低。从生产率变化指数分解结果可以看出，各个地市技术效率的提升带动了生产率的提高，意味着基站资源配置生产率的提高受技术效率的影响促进作用更大，相对于技术进步的影响而言。17 个地市基站资源配置技术效率指数呈现增长态势，增长幅度大有不同，比较而言，青岛和烟台增长幅度偏高，增长幅度分别为 17.43% 和 13.37%。

第五节　基站效率时空演化特征研究结论

采用 RWSBM 模型和 Malmquist 指数模型分析 2006~2015 年山东该运营商的地市公司面板数据，分析山东电信业基站配置综合效率和全要素生产效率的时空演化特征，并利用平衡面板数据模型和空间面板模型分析效率的影响因素，得到以下结论：

（1）山东电信业基站综合效率。2006～2015年该运营商公司总体基站资源配置综合效率均值为0.797，总体配置效率偏低。2006年基站资产配置效率最低，然后逐年呈现上升趋势；从规模视角来看，大规模A类地市综合效率最好，中等规模B类地市分公司综合效率其次，小规模C类地市分公司最低；从空间演化特征来看，各地市基站配置效率局部莫兰指数多位于高—低、低—高象限，即高值被低值包围，低值被高值包围，表现出空间离散，基站综合效率空间格局呈现波动演化特征。基站配置综合效率受区域经济、产业结构和网络质量等因素的影响，其中区域经济和网络质量对基站配置效率的影响显著为正，竞争环境与基站综合效率显著负相关，产业结构和区域教育水平对基站综合效率的影响不显著。

（2）山东电信业该运营商基站全要素生产效率。从总体情况来看，基站资源全要素生产效率时序动态演进情况总体呈现逐年上升趋势，技术效率的提高贡献较大；从规模视角来看，A类规模地市全要素生产率增长幅度最大，中等规模B类地市分公司其次，C类小规模分公司平均增长幅度最小；从空间演化特征来看，全要素生产率整体上倾向于遵循相对明确的空间分布模式，有相当数量地市全要素生产率在空间上是集聚的。电信业基站全要素生产效率受区域经济、产业结构和网络质量等因素的影响，其中区域经济和竞争环境对基站全要素生产效率的影响显著为正，网络质量和教育水平对基站全要素生产效率的影响在5%以上显著正相关，产业结构对基站全要素生产效率的影响不显著。

（3）全要素生产率的提高受技术进步变化指数和技术效率变化指数的影响。无线网络生产率的提高更多地受技术效率变化的影响，同时技术效率变化指数更多地受纯技术效率变化指数的影响，所以电信运营商不应该盲目扩大网络基站资源配置规模，应该有效地进行企业绩效管理，提高技术人员水平和管理水平，实现基站配置技术效率的提高，进而提高全要素生产率。

本章小结

　　本章首先优化设计了无线网络基站资源配置效率分析 RWSBM 模型，考虑决策者投入产出指标的决策偏好因素，同时为了缓解普通 SBM 模型投影点是前沿距离上最远的点，本章设计了加权投影值约束 SBM 模型进行效率评价，在传统 SBM 模型中增加投入产出权重系数的同时对投影值区间进行约束。其次，通过专家咨询法和文献法构建了基站资源配置效率评价指标体系，实证分析了山东某电信运营商基站效率，分析了山东电信业基站配置效率在时间、空间序列的演化特征，并进一步探析基站综合效率和生产效率各影响因素的影响情况。

电信业基站资源配置效率的
空间异质性分析

第一节　空间相关性检验

空间关联指数可以有效揭示基站效率的空间集聚现象和特征。Getis-Ord General GC 和 Getis-Ord G ∗ i 分别用于测度其全局和局域的空间聚簇特征，前者是用于探测整个研究区域的空间关联结构模式，后者用于识别不同空间位置上的高值簇与低值簇，计算莫兰指数的方法为：

$$\text{MoranI} = \frac{n}{\sum_i \sum_j w_{i.j}} \frac{\sum_i \sum_j w_{i.j}(x_i - \bar{x})(x_j - \bar{x})}{\sum_i (x_i - \bar{x})^2} \tag{5-1}$$

式（5-1）中，x_i，x_j 为各个地市效率测量值，n 为测量总数，$w_{i.j}$ 表示二进制邻接权重矩阵。莫兰指数的值域为[-1，1]，取值为-1 表示完全负相关，取值为 1 表示完全正相关，取值为 0 表示相关。

第二节　模型设定

基于空间截面数据的线性空间自回归模型，在实证研究中得到广泛的应用。但 LeSage 和 Pace（2009）却指出运用一个或多个空间截面回归模型的点估计方法和计量结论可能会不太适宜，基于不同模型表达式中自变量 X 的偏微分方法，有鉴于此，本书并没有设定空间截面模型对问题展开研究，但却有必要介绍空间截面模型，引出模型中包含空间交互效应的考虑。

在社会经济现象的研究过程中，关于截面单元间存在空间交互效应的理论体系得到不断完善和丰富，如溢出和集聚效应、网络效应和邻居效应。本书通过具体模型形式表达空间交互效应，将空间计量经济学模型根据不同的空间交互效应的性质和种类进行分类（覃一冬和张先锋，2014）。空间交互效应概念的提出，主要是基于在空间单元之间的社会经济现象或者活动在空间上存在着相互影响的认识与经验，源于群体中个体行为会被这个群体的普遍行为所影响。比如，一个地区的居民消费水平会受到当地物价水平和经济收入的影响，除此之外相邻地区的综合影响也不可忽视，这种综合影响可能是来自邻近地区的居民收入、当地物价水平以及消费水平等可观测因素，还会是相邻地区的风俗习惯、社会制度、宗教信仰、投资和信用因素这些不可观测的社会文化因素和经济因素，这也意味着依据作用机制的不同性质，可以将空间交互效应划分为关联效应、外生性交互效应和内生性交互效应三种不同的类型。将三种不同类型空间滞后向量引入模型以后，对空间交互效应进行建模和量化处理，并以模型中包含的空间滞后向量的类别对模型进行介绍。本节以 Manski Model 为切入点，如式（5-2）所示，具体说明不同空间交互效应的表达式，以期能够使读者清楚不同类型的空间截面数据模型特点与关系。

$$y = \rho W y + X \mu + W X \varphi + x$$

$$x = \lambda W x + \xi$$

$$\xi \sim N(0, \sigma^2 I_n) \qquad\qquad (5-2)$$

模型中，X 代表 n×k 阶外生解释变量矩阵，k 为外生解释变量的个数，μ 为相应的 k 维相关系数行向量，$\xi = (\xi_1, \xi_2, \cdots, \xi_n)^T = (\xi_1,$

ξ_2，$\cdots$，ξ_n）^{T}是扰动项列向量，且服从相互独立且方差为 σ^2、均值为 0 的同分布；φ 为外生空间交互系数，λ 为空间自相关系数，χ 为 n 维误差项列向量，ρ 为空间自回归系数，I_n 为 n×1 维向量，所有空间单元均具有相同的系数，研究者可以根据需要自行设置权重矩阵 W 的阶数和结构因变量的空间滞后项 Wy 表示模型中内生性交互效应，反映该地区的经济现象或活动会被邻近地区的变化所影响，自变量的空间滞后项 Wx 表示外生性交互效应，反映该地区的经济现象活动会被相邻地区的变化所影响，扰动项的空间滞后项 WX 表示关联效应，表示具有相似自然条件、制度、文化、政治、历史的地区，其经济现象或活动具有一定相似性，但往往不容易观察到这种关联效应。

一、不含有空间交互效应的最小二乘模型（OLS）

在进行空间计量实证研究之前，需要构建非空间的传统 OLS 模型并检验是否有必要将其扩展成为包含空间效应的计量模型，普通最小二乘法表达式如（5-3）所示，在接下来的实证分析中阐述空间交互效应所发挥的影响机制（才国伟和钱金保，2013）。

$$y = Xu + \xi$$
$$\xi \sim N(0,\ \sigma^2 I_n) \tag{5-3}$$

模型中 X 为 n×k 数据矩阵，包括 k 列解释变量，而 $\mu_{k \times 1}$ 为相应的系数；y 是样本中 n 个单元被解释变量观测值，ξ 是扰动项列向量。

二、含有一种空间交互效应的计量模型

通过限定式（5-2）中参数，可以将其简化为只包含一种空间效应影响机制的三类不同模型。当 X=0 且 λ=0 时，模型式（5-3）可以简化为一阶空间自回归模型（FAR），表达式如下：

$$y = \rho Wy + \xi \tag{5-4}$$

FAR 模型类似于时间序列数据分析中的时间滞后模型，即 $y_t = y_{t-1} + \xi$，一阶空间自回归模型中忽视影响本地区因变量 y 的其他外生自变量

X 的作用，只考虑与其相邻的周边地区因变量 y 的影响，导致 FAR 模型对客观现实的解释和描述方面严重缺失，较少被应用于现实研究中。当 $\varphi=0$ 且 $\rho=0$ 时，模型式（5-4）可以简化为空间误差模型（SEM），表达式如式（5-5）所示：

$$y=X\mu+\chi \tag{5-5}$$
$$\chi=\lambda W\chi+\xi$$

该模型反映，扰动项 ξ 存在空间依赖性，这意味着不包含 X 但对 Y 有影响的遗漏变量存在空间效应，又或者空间依赖性存在不可观测的随机冲击中，λ 为空间自相关系数，如果 $\lambda=0$，模型则简化为传统的线性回归模型。

当 $\varphi=0$ 且 $\lambda=0$ 时，模型式（5-3）可以简化为空间滞后模型（SLM）或空间自回归模型（SAR），表达式如式（5-6）所示：

$$y=\rho Wy+X\mu+\xi \tag{5-6}$$

式（5-6）中，X、μ、W、y 的含义与式（5-5）相同，空间依赖性由参数 ρ 来刻画，度量空间滞后 Wy 对 y 的影响，称为"空间自回归系数"，其估计值反映空间相关性的大小和方向，直观来看，相邻地区的被解释变量可能相互依赖，并最终形成一个均衡的结果。

三、含有两种空间交互效应的杜宾模型

对 $\lambda=0$ 进行限定，简化为包含因变量空间滞后项 Wy 和自变量空间滞后项 WX 的空间杜宾模型（SDM），可得：

$$y=\rho Wy+Xu+WX\varphi+\chi$$
$$\xi\sim N(0,\ \sigma^2 I_n) \tag{5-7}$$

模型反映区域 i 的被解释变量 y_i 依赖于其邻居的自变量，其中 WXφ 表示来自于邻居的影响，φ 为相对应的系数向量；同时 y_i 依赖于相邻地区的因变量，其中 ρWy 表示来自于邻居的影响，ρ 为相对应的系数向量。空间杜宾模型（SDM）可以用假设条件 H_0：$\varphi+\rho\mu=0$ 来判定是否可以简化为空间误差模型（SEM），用假设条件 H_0：$\rho\mu=0$ 来判定是否

可以简化为空间滞后模型（SAR）（张浩然和衣保中，2012）。

四、空间权重矩阵的设定

在进行空间计量分析之前首先要度量区域之间的空间距离。记来自 n 个区域的空间数据为 $\{x\}_{i=1}^{n}$，i 表示区域 i，区域 i 与区域 j 之间的距离为 W_{ij}，则可定义 W 为空间权重矩阵。在引入空间交互效应概念的同时，还需要对空间权重矩阵 W 进行设定（吕健，2014）。空间权重矩阵 W 反映空间单元之间相互依赖与关联的程度，用来描述和量化空间样本数据中空间单元的空间分布结构，科学、客观地设定空间权重矩阵对基站综合效率溢出效应的空间计量研究至关重要。一般有基于经济活动相似度和基于地理空间这两种常用的空间权重设定方法，基于经济活动相似度的设置方法，重点对空间对象之间的经济联系强度进行检验，基于地理空间关系的设置方法，主要对空间对象的空间距离进行考察。本书简要介绍基于地理空间关系的权重设置方法，可以运用距离标准或者邻近性标准来表示地理关系（姚鹏和孙久文，2015）。距离标准是指用两个空间单元之间的经济距离或者地理距离来衡量两者之间空间相关程度，随着距离拉大，空间相关程度逐渐减弱。邻近性标准通过观察两个空间单元之间是否相邻来决定，假如两个空间单元不相邻则认定两者之间不存在空间依赖性，假如两个空间单元相邻则认定两者之间存在空间依赖性。吴玉鸣（2015）指出空间权重矩阵的选择不同会对估计结果产生较大的影响，因为不同形式的权重矩阵表示不同的空间联系机制假设。

邻近性标准是指观测对象在空间上拥有共同边界，Anselin（1998）将具有共同边点的 Queen 标准与具有共同边界的 Rook 标准都定义成具有共同边界的邻接标准，Queen 邻接和 Rook 邻接还可以细分为高阶邻接和一阶邻接。考察观测对象的空间扩散效应的方式和路径通常采用高阶邻接标准，常用一阶邻接标准来验证空间自相关的相邻效应（白俊红和卞元超，2016）。两者的空间邻接标准表达式为：

$w_{ij}=1$，区域 i 与区域 j 相邻（i 不等于 j）

$w_{ij}=0$，区域 i 与区域 j 相邻（i 等于 j）

其中，主对角线上元素为 0，其他矩阵元素采用相邻标准确定，i=1，2，…，n；j=1，2，…，m，为了易于解释结果和简化模型，对 w_{ij} 进行标准化处理，$w'_{ij}=\dfrac{w_{ij}}{\sum\limits_{i} w_{ij}}$ 使得行元素之和为 1。

第三节　基站综合效率空间关联特性分析

一、局部空间自相关检验

Global Moran's I 可以较好地刻画全局整体空间特征，但是不能清楚显示局部空间特点，据此，使用 ESDA 局部分析方法可以进一步描绘基站资源配置效率的空间差异特征。这一方法深入揭示局部以及每个空间检验个体的空间依赖性，其实质是将莫兰指数分解至各个区域个体，对于某个空间检验个体的 I 为：

$$I_i = \frac{Y_i-\bar{Y}}{S^2}\sum_{j=1}^{n} w_{ij}(Y_i-\bar{Y})$$

$$S^2 = \frac{\sum\limits_{j=1,j\neq i} Y_j^2}{n-1} - \bar{Y}^2 \tag{5-8}$$

式（5-8）中，I_i 为第 i 个区域的局部相关系数，Y_i 为第 i 个区域观测值，w_{ij} 为空间权重矩阵。LISA 的 Z 检验判定为：

$$Z(I_i) = \frac{I_i-E(I_i)}{S(I_i)}$$

$$S(I_i) = \sqrt{VAR(I_i)} \tag{5-9}$$

Moran 散点图可以展示出局域空间异质性，反映中国工业碳排放效率的低观测值或高观测值的空间集聚。Moran 散点图纵轴表示空间滞后向量 W_i 的值，为某地区的相邻地区观测值的加权平均，横轴为变量 Y 的所有观测值，Moran 散点图可以被划分成四个象限，四个象限分别对应四种不同的空间集聚类型，具体含义如表 5-1 所示。

表 5-1　Moran's I 散点图各个象限具体解释

散点图象限	Moran's I	类型	空间模式	含义
第一象限	>0	High-High	扩散效应	高观测值与高观测值邻近
第二象限	<0	Low-High	过渡区	低观测值与高观测值邻近
第三象限	>0	Low-Low	低速增长区	低观测值与低观测值邻近
第四象限	<0	High-Low	极化效应	高观测值与低观测值邻近

资料来源：笔者依据相关文献整理。

为了研究山东各市基站效率的空间关联特性，本书利用空间自相关关系分析基站效率，全局空间自相关分析是为了研究整体上的空间关联程度和空间差异程度，局部空间自相关分析是对各个区域的空间关联程度和空间差异程度的分析。采用局部 Moran's I 散点图发现其与全局自相关散点图是一致的，结果均为负值，如表 5-2 所示。这是因为全局空间自相关重点是在整体数值，而局部空间自相关主要是看高—高、高—低、低—低、低—高四种分类情况。如果将局部空间自相关的散点图用直线拟合，直线斜率就是全局空间自相关拟合直线的斜率，其局部莫兰指数散点图如图 5-1 所示，2006 年、2011 年和 2015 年各市区域效率局部莫兰指数多位于高—低、低—高象限，即高值被低值包围，低值被高值包围，表现出空间负相关性，即空间离散。位于高—高象限的区域较少，它表示高值被高值包围，比较明显的是潍坊、临沂和德州。

表 5-2　局部 Moran's I 指数计量结果

年份	局部 Moran's I 指数	t 统计量	P 值
2006	-0.404916	-4.01	0.0011***
2011	-0.327704	-2.41	0.0291**
2015	-0.299241	-1.93	0.0732*

注：***、**、* 分别表示在 1%、5%、10% 显著性水平上拒绝原假设而接受备择假设。

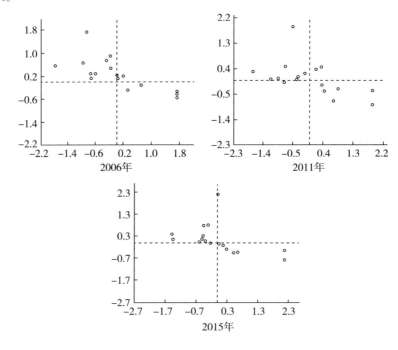

图 5-1　2006 年、2011 年和 2015 年基站效率空间相关 Moran 指数

　　为了进一步揭示山东电信业基站效率的空间演化规律，应用四分位图对其整体分布状况进行分析。空间分布四分位图将经济活动指标按绝对规模进行排序并分为四类，分别是第一、第二、第三和第四阶梯，用四种不同的颜色对各个类别加以标注，从而简化了地图的空间模式。这里选取 2006 年、2011 年和 2015 年基站效率截面数据进行分析。基站效率空间格局呈现波动演化特征，2006~2015 年，位列第一阶梯的市分公司变动不大，主要为青岛、济南、济宁和淄博；第二、第三阶梯市分公司的基站效率存在着明显的空间集聚，如 2006 年和 2011 年的第二、第三阶梯主要集中在西北区域和中部区域；位列第四等级的地市分公司变动较大，2006 年的临沂和潍坊在第一阶段，到 2011 年下降到第四阶段，2015 年又有所回升，表明山东省电信业基站配置效率呈现不稳定状态，变化较大。因此，十年间山东省电信业基站综合效率整体水平较低，东部沿海区域公司基站综合效率变化较大，青岛、潍坊、济南和烟台等 A 类规模地市整体基站综合效率水平较高。

二、生产效率空间关联性分析

为了研究山东各市基站全要素生产率变化指数的空间关联特性，本书利用空间误差相关关系分析基站全要素生产率变化指数，绘制局部莫兰指数散点图，如图 5-2 所示。从 2006 年、2011 年和 2015 年各地市基站全要素生产率局部莫兰指数可以看出，部分地市位于高—高、低—低象限，即高值区域被高值区域包围，低值区域包围低值区域，即空间集聚。2006 年，烟台、青岛和潍坊位于高—高象限，东营、泰安、滨州、德州和菏泽位于低—低象限，其他地市区域表现为空间离散；2011 年，德州、聊城和菏泽等区域位于高—高象限，生产率增幅较大，青岛位于低—低象限，生产率增幅减缓；2015 年，菏泽、烟台和济宁位于高—高象限，生产率增幅较大，东营、滨州和临沂位于低—低象限，生产率增幅减缓，其他各地市生产率空间特性表现为空间离散。

为了进一步揭示山东电信业基站全要素生产率的空间演化规律，应用四分位图对其整体分布状况进行分析。山东电信业全要素生产率整体上倾向于遵循相对明确的空间分布模式，有相当数量地市全要素生产率在空间上是集聚的，即高高集聚，如青岛、烟台和临沂等地市的全要素生产率整体较高；低低相邻或集聚，如山东西部地区的菏泽和聊城等地全要素生产率较低，生产率空间格局呈现波动演化特征。

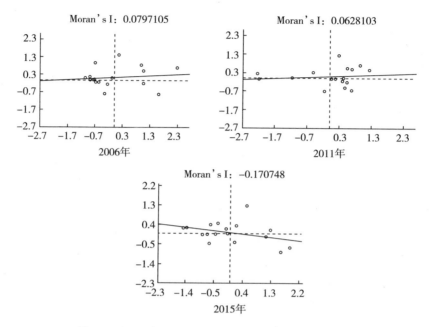

图 5-2　2006 年、2011 年和 2015 年基站生产率局部
空间自相关 Moran's I 散点图

第四节　空间溢出效应分析

本书使用纳入空间效应的空间计量经济学模型，空间计量经济学模型包括空间滞后模型与空间误差模型两大类。空间滞后模型（马子量和郭志仪，2014）（Spatial Lag Model，SLM）主要是用来探析各变量是否存在区域扩散现象；空间误差模型（Spatial Error Model，SEM）也称为空间自相关模型，空间误差模型的扰动误差项表示变量的空间依赖作用，用以度量邻接区域被解释变量的误差冲击对研究区域观察值的影响程度，由于其模型类似于时间序列中的序列问题研究，故而被称为空间

自相关模型。空间误差模型（周五七和武戈，2014）的数学表达式为：

$$Y = X\beta + \varepsilon$$

$$\varepsilon = \lambda W \varepsilon + \mu \tag{5-10}$$

式（5-10）中，ε 为随机误差项向量，λ 为 n×1 的截面被解释变量向量的空间误差系数，μ 为正态分布的随机误差向量。参数 λ 衡量了样本观察值中的空间依赖作用，即相邻地区的观察值 Y 对本地区观察值 Y 的影响方向和程度，参数 β 反映了解释变量 X 对被解释变量 Y 的影响。Y 表示第 i 个区域基站全要素生产效率值，X 为一组解释变量，变量选择和数据采集同基站效率的变量。

SEM 模型又有三种情况，SEM 空间固定效应、SEM 空间时间效应和 SEM 双固定效应，同时为了和 OLS 估计对比，本书利用四种模型进行回归，回归结果如表 5-3 所示。从表 5-3 可以看出，SEM 空间固定效应、SEM 时间固定效应的空间误差相关系数的估计值均是显著的，SEM 双固定效应的空间误差相关系数的估计值是不显著的。从拟合优度 R^2 来看，SEM 空间固定效应略优于 SEM 时间固定效应。所以最终可以选择 SEM 空间固定效应模型对基站效率影响因素进行进一步的解释。

表 5-3　基站全要素生产效率空间面板 SEM 模型估计结果

	模型（1） OLS	模型（2） SEM 空间固定效应	模型（3） SEM 时间固定效应	模型（4） SEM 双固定效应
GDP	0.029 ** (2.173)	0.036 *** (2.231)	0.019 *** (1.012)	−0.021 *** (−1.617)
STR	−0.127 *** (−2.231)	−0.143 (−1.285)	−0.132 *** (−2.610)	−0.204 ** (−1.346)
NET	0.056 *** (0.951)	0.378 ** (0.675)	0.651 *** (0.242)	0.013 *** (0.824)
CPT	0.034 (0.542)	0.027 *** (2.913)	0.051 (0.621)	0.074 *** (2.354)

续表

	模型（1） OLS	模型（2） SEM 空间固定效应	模型（3） SEM 时间固定效应	模型（4） SEM 双固定效应
EDU	0.109***	0.521**	0.150***	0.073**
	(2.516)	(1.079)	(1.013)	(2.331)
常数项	1.100***			
	(6.312)			
lambda		0.171**	0.146**	-0.027
		(2.156)	(2.032)	(-0.342)
N	153	153	153	153
R^2	0.381	0.259	0.349	0.253
修正后的 R^2		0.219	0.187	0.203
对数似然值	106.214	298.011	109.532	299.160

注：括号中为 t 统计量，* 表示 $p<0.10$，** 表示 $p<0.05$，*** 表示 $p<0.01$。

区域经济（GDP）对基站全要素生产效率影响为正，统计性显著，这说明区域经济发展与区域电信业基站全要素生产效率是直接正相关关系，区域经济发展速度的增加带来区域电信业基站生产效率水平的提高；产业结构对区域电信业基站全要素生产效率影响为负，统计性不显著，有些产业结构相关性较低，产业结构每提高 1 个单位，基站全要素生产效率就降低 0.143 个单位；网络质量对区域基站全要素生产效率的影响在 5% 水平上显著，回归系数为 0.378，网络质量每提高 1 个单位，基站全要素生产效率提高 0.378 个单位。由此可以得出，各个地市区域公司应当积极进行基站网络优化，提高基站容量和服务质量，提高网络服务质量，从而实现基站生产效率的有效提升。竞争环境对基站全要素生产效率的影响为正，统计性显著，回归系数为 0.027，表明区域竞争环境越激烈，可能企业为了获得更好的竞争能力，立于不败之地，越致力于技术和管理水平的提高，从而全要素生产效率水平得到提高，竞争环境每提高 1 个单位，基站全要素生产效率提高 0.027 个单位；区域教育水平对基站全要素生产效率的影响在 5% 水平上显著，影响回归系数为

0.521，区域整体教育水平越高，越从事通信业技术和管理的人员教育水平较高，有利于区域电信业基站全要素生产率水平的提高，教育水平每提高 1 个单位，区域电信业基站全要素生产效率提高 0.521 个单位。

本章小结

本章基于新经济地理学理论、非线性视角下构建不含空间效应的传统 OLS 模型和包含空间效应的空间计量模型，考察无线网络基站资源配置效率的空间相关性和空间溢出效应。为了深入比较和识别区域资源配置效率和全要素生产率的空间分布情况，笔者将山东 17 个地市划分为四类阶梯类型区域，并进行空间可视化呈现。山东无线网络基站效率在空间上的分布不是随机的，Moran 散点图反映出基站资源配置效率存在显著的空间相关性，且随着时间推移，空间相关性呈下降和上升的不稳定趋势，大部分地区与其相邻地区表现出相似的集群特征，存在"相似相近"的现象。无论是空间杜宾模型（SDM）、空间误差模型（SEM）还是空间滞后模型（SAR）的回归结果都反映基站资源配置效率的提升会带动邻近地区基站资源配置效率的改善。

电信业基站配置规模的
影响因素定性分析

　　通过第五章无线网络基站资源配置效率的研究和动态演进特征的分析可以看出，不同区域经营单元的基站资源配置效率相差较大，而且全要素生产效率变化也不相同，还存在着资源配置的区域不均衡、资源配置效率较低的情况。建设部、运行维护部等资源管理部门如何合理地将待投放基站网络建设和维护成本进行分配，在当前网络大规模建设时期是非常重要的，一方面影响到整体资源的利用率，影响到网络建设质量和服务质量；另一方面影响到后续的基站维护费用的合理使用，如何将有限的基站合理地分配到各个经营单元直接决定基站资源配置效率，基站资源的配置规模受到区域经济、文化和地形地貌等多方面因素的影响，本章将通过专家咨询法分析基站配置规模的影响因素和影响程度，为基站资源配置规模定量研究奠定基础。

第一节　基站规模影响因素指标体系构建

一、影响因素描述性分析

无线网络基站资源配置一方面要考虑网络的无缝覆盖，另一方面要考虑资源配置的效率和公平性,其影响因素具有复杂性。平原更有利于无线信号的传播,基站的覆盖面积会较大;区域人口的数量会直接影响无线移动通信用户的数量;区域经济发展的不同会影响人们对无线移动业务的需求;等等,这些因素都会影响区域基站配置的规模。本书通过大量文献阅读发现,无线网络基站规模的影响因素主要集中在自然因素、经济因素、社会人口因素、政策因素、企业内部经营绩效因素、外部竞争因素以及网络质量因素七个方面,自然因素主要指区域的地形和地貌等自然条件的影响因素,经济因素主要是经济发展对网络需求的影响,人口受教育程度等社会因素对网络的需求也会产生相应的影响等。这些企业内部和外部因素相互影响和制约,本章把这些因素归纳总结为七大类,然后进行定性分析。

1. 自然因素

自然因素影响着无线网络基站的信号传播,也就决定着各个区域无线网络基站配置。无线网络基站资源的配置很重要的一点是考虑基站网络的覆盖,而基站网络信号传播本身包括各种反射、衍射和穿透过程,在不同的传播介质中,遇到不同的障碍物会发生不同的变化,基站小区覆盖半径直接与一个区域的传播环境相关,基站覆盖半径直接关系到区域无线基站的规模和分布。决定一个区域传播环境的主要自然因素有区域的地形、地貌、建筑物和植被覆盖等。自然地形对无线网络基站资源配置的影响主要表现在区域的地形情况,如高山、丘陵平原和水域等自然条件对信号传播的影响。区域内建筑物的高度、数量、分布特征和材料特性、区域的植被特征、区域内的大气和天气情况的影响对信号传播也会产生影响。

2. 经济因素

区域经济发展水平影响区域对无线移动通信业务使用需求,区域的经济发展水平不同,对无线移动通信的使用方式和使用程度也不同,利用方式和利用程度的不同会影响区域基站资源的利用效率,进而影响区域基站配置规模。经济发展水平较高，人均收入也会较高，人们可以支配的通信消费也就较高，进而也会增加人们对无线通信业务费用的支出。经济发展程度越高，工厂企业经营发展也就越好，企业用于支付的业务经营通信费用也会增加，就业机会和人均收入会上涨，这在一定程度上影响着无线网络基站配置规模。同时经济发展水平越高的区域，人们对通信网络的通信质量要求也越高，这就意味着要投入更多的网络资源来满足人们的需求。经济发展水平直接影响着区域网络基站资源配置规模情况，从现网实际情况来看，基站资源配置效率较高的区域相对都是经济发展水平较高的区域。无线网络基站资源效率同时也随经济发展的提高而增加。

3. 社会人口因素

因为人是无线通信网络的使用者，在其他情况均相同的情况下，人口的数量越多，使用无线移动业务的概率越大，无线移动用户也就越多，基站配置规模也就越大。人口因素是指人与网络之间的关系，人口密度越大对网络的需求也就越大。区域内人们受教育程度会影响人们对无线移动通信业务的使用需求，尤其是区域社会消费价值观的影响，区域受教育程度和文化程度越高，人们对无线移动通信业务的使用需求越强，无线网络单站资源利用率也就越高，无线网络基站资源配置效率也就越高。

4. 政策因素

政策因素是指与基站资源配置相关的政策，如运营商体制改革政策、共建共享政策和信息化发展政策等。国家信息化要求会促进对流量的需求，有利于提高无线网络基站资源配置效率。基站铁塔的共建共享有利于降低建设成本，提高资源配置效率。

5. 企业内部经营绩效因素

企业内部经营绩效因素直接影响网络的利用率，也就影响区域配置无线网络基站的数量，企业内部绩效管理因素包括组织管理、技术人员管理、技术创新管理和财务管理四个方面的内容。企业组织管理主要体现在随着网络规模的不断扩大和服务领域的不断延伸，资产规模和业务收入在不断增加，电信运营企业在组织管理和市场营销拓展等方面的管理能力和水平会影响网络的利用率，也会影响区域合理配置无线基站的数量。技术人员管理因素是指技术人员的开发和合理利用影响了无线网络基站维护和建设质量，成为影响无线网络基站配置数量的直接影响因素。技术水平是指技术力量和设备资源的投入，网络基站资源的配置规模一方面会受到人员的数量和技术水平的影响，另一方面会受到优化技术的程度的影响。企业经营绩效的另外一个重要方面是企业的财务管理，电信运营商无线网络基站的建设维护和发展都需要大量的资金支撑，并且整体投资回收周期较长，公司能否合理地进行财务管理也会影响无线网络建设和发展。

6. 外部竞争因素

目前中国电信市场是三家运营商提供无线移动业务，运营商之间的竞争也日益激烈，在服务区内的人口数量和经济发展等情况相对稳定的情况下，移动用户市场是相对有限的，各家运营商为了追求利益最大化和市场占有率，会通过增加基站数量、优化网络服务质量来提高本网客户的黏性，且可以通过挖掘对手客户来扩大本网用户规模，这种竞争态势不断攀升，竞争的激烈程度也在不断变化，通信市场需求、竞争对手的情况和自身在竞争市场中的地位都会影响无线网络基站配置的情况。

7. 网络质量因素

无线网络的基站设备可用率、小区设备可用率、网络掉话率、网络质差通话比例等网络运行质量都会影响到无线网络基站资源的配置规模，同时在网络建设和运行期间，无线网络需要不断进行网络优化，网络优化的情况也会影响无线网络的网络质量运行，会影响无线网络基站资源配置效率和基站配置数量。

二、指标体系构建原则

由于基站资源配置影响因素很多，层次结构复杂，在进行规模影响因素指标体系构建时要兼顾多方面，为了科学有效地反映无线网络基站配置规模影响因素，需要从多维度、多层面构建影响因素指标评价体系。本书在指标体系构建时需遵循以下各项原则来保障基站规模影响因素研究的合理性和科学性。

1. 科学性原则

科学性是指在构建无线网络基站资源配置效率影响因素指标体系时，充分考虑基站资源配置架构的实际，科学地将无线网络基站资源配置的实际过程和规律反映出来，保障影响无线网络基站配置规模因素的科学性。

2. 实用性原则

实用性原则是指指标因素的可采集性，在影响因素指标体系构建中选择的指标再好，如果指标的数据不能进行统计和采集，该指标对基站规模的影响也就无法进行分析，这项指标就没有任何意义。所以在最初指标设计时，本书将数据的可获取性进行考虑，使考察因素的各项指标能够有效采集。

3. 全面性与简洁性相结合原则

由于无线网络基站配置规模受到诸多因素的影响，所以在进行基站规模的影响因素指标体系设计时要全面考虑，保证评价指标可以尽可能地包含更多的影响因素。在保证指标全面性的同时也不能无限地增加影响因素指标，这样会大大增加分析的复杂度，并且会出现指标重复选用的情况，所以在进行基站影响因素指标体系构建时，要选取有代表性的、简单的典型数据作为体系指标。

4. 可比性原则

在进行指标体系选定时，要尽量避免选取定义不明确和口径不统一的指标，这会给数据采集带来很多的麻烦，而且不同的人有不同的理解，数据就失去了可比性。

5. 动态性原则

无线网络基站配置规模影响因素是相对稳定的，同时又会有新的不同因素的产生，所以在进行指标体系设计时，要尽可能兼顾影响因素的动态性特征，以便为未来的资源配置提供决策依据。

三、影响因素指标筛选

本书大量阅读基站资源配置的文献，在前人研究文献的基础上，遵循前文指标选择原则，整理收集了无线网络基站规模配置影响因素的相关测量因素指标，初步构建基站配置规模影响因素指标体系框架，首先从七个纬度确定了基站规模的一级影响因素，七个纬度分别为自然因素、社会因素、政策因素、经济因素、企业内部因素、外部竞争因素和网络质量因素。其次将一级影响因素细化为 40 项二级影响因素。尽量全面、简洁和科学地选择影响因素指标。邀请 10 位电信运营商地市分公司管理者和 5 位移动规划设计院的专家进行讨论，确定了体系指标的分类、指标含义和数据资料来源后，综合形成了无线网络基站配置规模影响因素指标体系，一级影响因素指标体系如表 6-1 所示，二级影响因素指标体系如表 6-2 所示。

表 6-1　无线网络基站资源配置规模一级影响因素

影响因素	编码	影响因素说明
自然因素	A	指影响无线网络基站配置数量的自然条件因素，包括地形、地貌、气候、建筑物等
社会因素	B	指影响基站配置的自然条件和人口状况，包括区域内土地面积、人口数量、人口结构和人口就业状况和社会文明程度等
政策因素	C	主要是指与无线网络资源配置相关的政策，包括运营商体制改革政策、共建共享政策和信息化发展政策等
经济因素	D	指可能影响基站配置的区域经济发展水平，包括人均地区生产总值、地方财政收入、城镇居民人均可支配收入、农村居民人均纯收入等指标
企业内部因素	E	指对基站配置规模产生直接和间接影响的内部因素，如管理水平、人力资源、财务状况等

续表

影响因素	编码	影响因素说明
外部竞争因素	F	指区域内各运营商市场竞争环境,包括竞争对手的数量、实力以及移动用户所占市场份额等
网络质量因素	G	指区域内无线网络优化和运行质量,包括无线网络质量指标、无线网络维护指标等

表6-2 无线网络基站资源配置规模二级影响因素指标

影响因素	指标代码	二级影响因素指标名称(单位)
自然因素	A01	山地占比(%)
	A02	丘陵占比(%)
	A03	平原占比(%)
	A04	水域占比(%)
	A05	森林占比(%)
	A06	建筑物平均高度(米)
社会因素	B01	年末总人口(万人)
	B02	城镇人口比例(%)
	B03	年末人口总户数(户)
	B04	全社会从业人员(万人)
	B05	职工人数(人)
	B06	土地面积(平方公里)
	B07	常用耕地面积(千公顷)
政策因素	C01	区域建设规划
	C02	人均通信事业收入(万元)
	C03	人均通信事业支出(万元)
	C04	每千人拥有基站数(个)
	C05	每千人拥有技术人员数(人)
经济因素	D01	人均地区生产总值(万元)
	D02	人均地方财政收入(万元)
	D03	人均地方财政支出(万元)
	D04	城镇居民人均可支配收入(元)

续表

影响因素	指标代码	二级影响因素指标名称（单位）
经济因素	D05	城镇居民生活费总支出（元）
	D06	农村居民人均总收入（元）
	D07	农村居民生活费总支出（元）
企业内部因素	E01	在职职工人数（人）
	E02	企业领导决策
	E03	收入合计（万元）
	E04	月均出账（部）
	E05	月均发展（部）
外部竞争因素	F01	基站数占区域内基站总数的比例（%）
	F02	技术人员占区域内技术人员总数的比例（%）
	F03	用户数市场占有率（%）
	F04	收入市场占有率（%）
	F05	企业转网用户数占转网用户总数的比例（%）
网络质量因素	G01	基站设备可用率（%）
	G02	网络质量评估指标
	G03	无线网络维护指标
	G04	客户感知指标
	G05	网络设备接入厂家

第二节　基站配置规模影响因素指标体系

一、Delphi 方法

德尔菲法（Delphi）又称专家咨询法，是美国兰德（Rand）公司于1964年提出并首先使用的一种定性技术预测方法，它是在专家会议预测方法基础上发展起来的，其核心是通过匿名方式进行几轮函询征求专家们的意见（刘伟涛等，2011）。研究者通过经验分析和文献总结并根据研究对象的特征设计指标调查表，然后咨询相关专家对列出的系列指标的意见，对调查表进行统计处理，并将咨询结果向专家反馈。进行多轮调查咨询，专家意见趋于集中后确定具体的指标体系。专家咨询法在很多领域得到了应用并且不断改进，用于指标体系的构建已经日趋成熟。本书应用专家咨询法对上节初步筛选的基站规模影响因素指标体系进行研究，进一步对影响因素指标进行筛选并确定影响因素的权重。

二、专家遴选情况

Brown（2009）认为 Delphi 法预测成败的关键是选择合适的专家（张冬梅和曾忠禄，2009）。所以专家的选择对影响因素的研究至关重要，本书根据以下标准和程序对专家进行了遴选，一是选择的专家不仅包括通信企业的管理专家，还包括电信企业的技术专家。二是专家的领域也不仅仅局限在通信技术领域，还咨询了通信企业管理研究的相关专家。三是咨询了足够数量的专家，保障了专家人数数量的要求。

遵循权威性、代表性和多学科相结合的原则，根据本书基站规模影响因素研究目的、专家知识结构和职称等标准，最终确定以下标准作为所选专家的必备条件之一：①高等院校及规划设计院科研机构主要从事企业管理、无线网络研究的学者；②通信企业和省管局资深通信管理专家；③通信企业地市公司高层管理者和资深中层管理者，另外还规定专家来源不局限于某一地区。本次专家咨询根据以上原则遴选了 30 位通信行业专家，其中各个地市分公司的建维专家，通过邮寄的方式发放专家咨询表 30 份，在规定时间内实际回收咨询 28 份，回收率为 93.3%。遴选出专家基本情况如表 6-3 所示。

表 6-3 专家基本情况

项目	分类	人数	构成占比（%）	累计占比（%）	均数
专家年龄	30~39 岁	8	28.57	28.57	47.3 岁
	40~49 岁	11	39.29	67.86	
	50~59 岁	4	14.29	82.14	
	60 岁以上	5	17.86	100	
专家性别	男	16	57.14	57.14	
	女	12	42.86	100	
专家学历	大学本科	16	57.14	57.14	
	硕士研究生	7	25.00	82.14	
	博士研究生	5	17.86	100	
专家职称	高级	15	53.57	53.57	
	副高级	13	46.43	100	
工作单位种类	通信企业	17	60.71	60.71	
	通信研究院	8	28.57	89.29	
	高等院校	3	10.71	100	
工作年限	10~19 年	8	28.57	28.57	23.5 年
	20~29 年	12	42.86	71.43	
	30~39 年	7	25.00	96.43	
	40 年以上	1	3.57	100	
工作领域	通信规划研究	5	17.86	17.86	
	通信企业管理	17	60.71	78.57	
	网络规划实践	3	10.71	89.29	
	通信技术研究	3	10.71	100	
是否多专业研究	是	18	64.29	64.29	
	否	10	35.71	100	
对通信企业总体运营管理的熟悉程度	很熟悉	6	21.43	21.43	
	熟悉	20	71.43	92.86	
	较熟悉	2	7.14	100	

1. 专家年龄结构构成和工作年限构成

本次咨询专家平均年龄为 47.3 岁,最小年龄为 32 岁,最大年龄为 63 岁,39.29% 的专家年龄集中在 40~49 岁;本专业平均工龄 23.5 年,最长工作年限为 40 年,最短的也达到了 12 年,多数(占 42.86%)在 20~29 年。年龄构成特征分明,无线网络基站配置规模影响因素咨询的专家资历较深。

2. 咨询专家专业技术职称和学历情况分析

本次咨询 28 位专家学历均在本科以上,28 份回收咨询表的咨询专家中,本科 16 人,硕士以上 12 人,专家整体学历水平较高。咨询专家职称正高级职称占 53.57%,副高级职称占 46.43%,所有专家均有高级职称,说明参与咨询的各位专家整体学术资历很高。

3. 咨询专家工作岗位情况

从专家所在工作单位类别情况来看,以通信企业为主(占 60.71%),以高等院校和规划设计院研究机构为辅(占 39.29%)。各位专家目前从事通信行业工作专业包括设计规划研究、通信技术研究、企业管理研究、网络规划实践等,说明专家工作领域较为广泛。咨询专家 60% 以上从事多专业领域工作,说明多数专家具有跨专业的工作实践和研究经历。

4. 咨询专家对电信企业运营的熟悉程度

参加调查的专家中,6 人对电信企业管理和运营很熟悉,占 21.43%;20 人对电信企业管理和运营熟悉,占 71.43%,只有两人较熟悉,没有人表示不熟悉。从专家的熟悉情况来看,所选择的专家总体对电信企业的运营管理熟悉,专家的建议和意见也具有代表性和权威性。

三、专家咨询结果

本轮咨询中专家分别对一级指标和二级指标的影响程度进行等级评价,然后对影响因素的重要程度进行赋值量化,量化标准如表 6-4 所示。

表6-4　专家咨询指标影响程度量化标准

影响程度等级	量化值
非常重要	9
比较重要	7
一般重要	5
较不重要	3
最不重要	1
无影响	0

计算各个基站规模影响因素指标的得分均数、变异系数和标准差。算数平均数表示咨询专家的意见集中度情况，算数平均数得分越大的指标其重要性越高。变异系数表示咨询专家的协调程度，变异系数越小表示专家的协调程度越高，变异系数（CV）表示 m 个专家对第 j 个指标的协调程度，其计算公式为

$$V_j = \sigma_j / M_j \tag{6-1}$$

式（6-1）中，σ_j 表示 j 指标的标准差；M_j 表示 j 指标的均数。在 SPSS 中计算本次专家咨询指标所得分数的平均值、标准差、变异系数，另外依据每项指标的平均得分归一化处理后，计算每个规模影响因素的权重并排序（董四平，2010）。

1. 一级影响因素专家咨询

通过专家咨询得到基站资源配置规模一级影响因素的影响情况，如表6-5所示。

表6-5　无线网络基站资源配置以及影响因素专家咨询结果

一级影响因素	平均值	标准差	变异系数（%）	指标权重（%）	排名
企业内部因素	7.891	1.763	22.34	18.28	1
社会因素	7.368	1.986	26.95	17.96	2

续表

一级影响因素	平均值	标准差	变异系数（%）	指标权重（%）	排名
经济因素	7.315	0.981	13.41	15.53	3
网络质量因素	6.998	1.021	14.58	14.18	4
政策因素	6.615	1.297	19.61	12.67	5
自然因素	5.342	1.235	23.12	11.98	6
外部竞争因素	5.295	1.652	31.20	9.40	7

以下分别从三个方面探讨无线网络基站配置规模的一级影响因素：

从影响因素评分的平均值来看，平均值体现了专家评分的集中程度，一般而言如果某因素加权算术平均值越大，表明其相对重要性越高。本次咨询结果表明，从总体上看，所有一级因素的影响程度平均值均超过5，大于评价等级的"一般重要"（5分）的水平。其中，"企业内部因素""社会因素"和"经济因素"三个影响因素大于7，处于"较重要"（7分）和"非常重要"（9分）之间，是影响无线网络基站资源配置的最重要因素；"网络质量因素"为6.998分，"政策因素"为6.615分，处于"一般重要"和"比较重要"之间，是影响无线网络基站资源配置的比较重要因素；"自然因素"为5.342分，接近"一般重要"等级；"外部竞争因素"的平均值最低（5.295分），是对无线网络基站配置规模影响程度较低的一级因素。

从标准差和变异系数来看，"经济因素"和"网络质量因素"标准差和变异系数较小，标准差分别为0.981和1.021，变异系数分别为13.41%和14.58%，表明各位专家对这一因素的协调性较好，对其影响程度大小的分歧最小。"外部竞争因素"的标准差（1.652）和变异系数（31.2%）为最大，表明专家对这一因素的影响程度存在较大分歧。其他三类影响因素的标准差和变异系数介于上述两者之间。

从权重大小和排序等级来看，"企业内部因素"所占权重为18.28%，比例最大；"外部竞争因素"所占权重为9.40%，影响程度最小；其他五类因素权重均在两者之间。

从总体上看，七类一级影响因素对无线网络基站资源配置的影响程度差异较小，均为重要的影响因素，初步证实本书构建的基站资源配置规模影响因素的总体框架是合理的。

2. 二级影响因素咨询结果

等同一级影响因素的计算方法，用二级影响因素的咨询专家的咨询结果计算影响因素的得分平均值、变异系数和方差，结果如表6-6所示（根据平均值大小排序）：

表6-6　二级影响因素专家咨询描述统计量

序号	指标代码	指标名称	N	平均值	方差	变异系数（%）
1	E02	企业领导决策	28	8.71	1.527	17.53
2	E03	收入合计（万元）	28	8.57	0.725	8.46
3	B06	土地面积（平方公里）	28	8.29	0.989	11.94
4	D01	人均地区生产总值（万元）	28	8.00	1.077	13.46
5	B01	年末总人口（万人）	28	8.00	1.077	13.46
6	C02	人均通信事业收入（万元）	28	7.86	1.055	13.43
7	C03	人均通信事业支出（万元）	28	7.57	1.495	19.74
8	B02	城镇人口比例（%）	28	7.43	1.071	14.42
9	G02	网络质量评估指标	28	7.43	1.187	15.98
10	G03	无线网络维护指标	28	7.29	1.168	16.03
11	D04	城镇居民人均可支配收入（元）	28	7.29	1.168	16.03
12	D06	农村居民人均总收入（元）	28	7.14	1.132	15.85
13	B04	全社会从业人员（万人）	28	7.14	0.901	12.62
14	A01	山地占比（%）	28	7.14	1.132	15.85
15	A03	平原占比（%）	28	7.00	1.046	14.94
16	B05	职工人数（人）	28	7.00	1.462	20.89

序号	指标代码	指标名称	N	平均值	方差	变异系数（%）
17	F01	基站数占区域内基站总数的比例（%）	28	6.86	1.147	16.73
18	F04	收入市场占有率（%）	28	6.86	1.132	16.51
19	G05	网络设备接入厂家	28	6.71	1.174	17.49
20	F03	用户数市场占有率（%）	28	6.71	1.174	17.49
21	F02	技术人员占区域内技术人员总数的比例（%）	28	6.71	1.174	17.49
22	G01	基站设备可用率（%）	28	6.57	1.256	19.11
23	F05	企业转网用户数占转网用户总数的比例（%）	28	6.29	1.220	19.41
24	G04	客户感知指标	28	6.14	1.170	19.05
25	E04	月均出账（部）	28	6.00	1.077	17.95
26	E05	月均发展（部）	28	6.00	1.077	17.95
27	C05	每千人拥有技术人员数（人）	28	6.00	1.077	17.95
28	D02	人均地方财政收入（万元）	28	5.86	1.055	18.01
29	D05	城镇居民生活费总支出（元）	28	5.86	1.055	18.01
30	C04	每千人拥有基站数（个）	28	5.71	0.989	17.31
31	B03	年末人口总户数（户）	28	5.57	0.879	15.78
32	D03	人均地方财政支出（万元）	28	5.43	1.041	19.18
33	A06	建筑物平均高度（米）	28	5.29	1.018	19.26
34	D07	农村居民生活费总支出（元）	28	5.29	1.018	19.26
35	A04	水域占比（%）	28	5.29	1.818	34.36
36	C01	区域建设规划	28	5.14	1.916	37.27
37	A02	丘陵占比（%）	28	3.86	0.668	17.32
38	B07	常用耕地面积（千公顷）	28	3.71	1.434	38.65
39	E01	在职职工人数（人）	28	3.43	1.298	37.84
40	A05	森林占比	28	2.98	0.112	3.73

从二级影响因素影响程度的平均值来看，居于前五位的影响因素分别为企业领导决策、收入合计、土地面积、人均地区生产总值和年末总人口，其分值均大于8，归属于"非常重要"等级，其中企业领导决策和收入合计归属于"企业内部因素"一级因素，土地面积和年末总人口归属于"社会因素"一级因素，人均地区生产总值归属于"经济因素"一级因素。处于最后四位的影响因素是丘陵占比、常用耕地面积、在职职工人数和森林占比，其分值低于"一般重要"等级（5分），表明这四个因素对无线网络基站资源配置规模影响程度很小。

从变异系数和标准差来看，常用耕地面积、水域占比、区域建设规划和在职职工人数影响因素的变异系数均大于30%，表明专家对这四个指标存在较大的分歧。结合其平均值得分情况，考虑在下一轮专家咨询时，剔除这四个指标。另外发现丘陵占比的分值较低，同时有专家建议将此因素与山地占比合并为"山地丘陵占比"指标，因此考虑在下一轮咨询时修订该指标。对专家咨询表各项指标的删除、增加以及是否修改到其他类的有关情况进行统计，并整理分析。根据专家咨询的定量分析结果，结合各指标影响程度的平均值、方差、变异系数和排序结果，具体修改如下：剔除森林占比A05（2.98）、在职职工人数E01（3.43）、水域占比A04（5.29）和常用耕地面积B07（3.71）；剔除区域建设规划（C01）专家意见分歧较大的指标；丘陵占比与山地占比合并为山地丘陵占比；建筑物平均高度影响因素为不易测量统计的因素，予以剔除。将企业领导决策（E02）指标进一步转化为可测量的指标；将企业领导决策直接用"月均收入合计""月均发展"和"月均出账"取代，在企业外部环境和内部因素相当的情况下，这三项指标越大，说明企业领导在日常决策激励的程度越大。

3. 影响因素权重

为进一步明确各二级影响因素对无线网络基站资源配置的影响程度，运用专家咨询权数法，计算各类二级影响因素的内部权重及其总体组合权重，结果如表6-7所示：

表 6-7 无线网络基站资源配置影响因素综合权重统计

一级指标	一级指标权重（%）	二级指标代码	二级指标名称	权重（%）	组合权重（%）	综合排序
自然因素	11.98	A01	山地占比	21.18	2.54	15
		A02	丘陵占比	14.23	1.70	37
		A03	平原占比	19.19	2.30	16
自然因素	11.98	A04	水域占比	15.75	1.89	35
		A05	森林占比	13.76	1.65	40
		A06	建筑物平均高度	15.89	1.90	33
社会因素	17.96	B01	年末总人口	19.17	3.44	5
		B02	城镇人口比例	16.43	2.95	8
		B03	年末人口总户数	10.98	1.97	31
		B04	全社会从业人员	12.63	2.27	14
		B05	职工人数	10.87	1.95	17
		B06	土地面积	20.55	3.69	3
		B07	常用耕地面积	9.37	1.68	38
政策因素	12.67	C01	区域建设规划	13.88	1.76	36
		C02	人均通信事业收入	22.96	2.91	6
		C03	人均通信事业支出	21.67	2.75	7
		C04	每千人拥有基站数	16.19	2.05	30
		C05	每千人拥有技术人员数	19.83	2.51	27
经济因素	15.53	D01	人均地区生产总值	17.76	2.25	4
		D02	人均地方财政收入	12.88	1.63	28
		D03	人均地方财政支出	13.78	1.75	32
		D04	城镇居民人均可支配收入	16.54	2.10	12
		D05	城镇居民生活费总支出	14.99	1.90	29
		D06	农村居民人均总收入	14.19	1.80	13
		D07	农村居民生活费总支出	10.55	1.34	34

续表

一级指标	一级指标权重（%）	二级指标代码	二级指标名称	权重（%）	组合权重（%）	综合排序
企业内部因素	18.28	E01	在职职工人数	12.65	2.31	39
		E02	企业领导决策	23.19	4.24	1
		E03	收入合计	26.28	4.80	2
		E04	月均出账	18.98	3.47	26
		E05	月均发展	19.76	3.61	11
外部竞争因素	9.40	F01	基站数占区域内基站总数的比例	20.45	1.92	18
		F02	技术人员占区域内技术人口总数的比例	21.22	1.99	22
		F03	用户数市场占有率	20.76	1.95	21
		F04	收入市场占有率	21.18	1.99	19
		F05	企业转网用户数占转网用户总数的比例	16.39	1.54	24
网络质量因素	14.18	G01	基站设备可用率	18.64	2.64	23
		G02	网络质量评估指标	25.98	3.68	9
		G03	无线网络维护指标	25.06	3.55	10
		G04	客户感知指标	15.01	2.13	25
		G05	网络设备接入厂家	15.33	2.17	20

第三节　基站配置规模影响因素的定性分析

　　结合专家对影响因素的评分和指标权重，分析无线网络基站资源配置规模的影响因素，主要包括以下几个方面：

一、自然因素

研究结果显示，区域地形、地貌等自然因素影响无线网络基站资源配置规模，影响程度为 11.98%。自然因素中山地占比（A01）和平原占比（A03）是自然因素的主要指标，这两个因素基本可以反映一个区域的地形、地貌，从理论角度分析，区域内山地占比和无线网络基站资源配置数量呈现正相关关系，也就是区域内山地占比越高，实现区域全覆盖需要配置的基站数量越多，相反平原占比越大，区域无线基站信号传递障碍越小，实现区域全覆盖需要配置规划的基站数量越少。

二、社会因素

社会因素是无线网络基站资源配置规划的基本影响因素，本书结果显示，社会因素中的土地面积是最主要的影响因素，权重占 20.55%，其次是年末总人口，占 19.17%，城镇人口比例第三，占 16.43%，三项指标权重合计接近 60%。人口总数决定了区域内的基本通信服务需求总量，城镇人口是区域城镇化水平的反映，间接反映了区域的经济发展水平。土地面积直接反映区域需要基站信号覆盖的面积，这三个指标与无线网络基站资源配置规模呈正相关关系，即年末总人口越多，城镇化比例越高，区域土地面积越大，则区域内无线网络基站资源配置数量应该越多。另外，常用耕地面积和职工人数两项指标影响权重相对较小。

三、政策因素

政策因素对无线网络基站资源配置规模影响占总体权重的 12.67%，一级影响因素排名第五位，是一级影响因素中低度影响指标。分析政策因素二级指标咨询结果，人均通信事业收入和人均通信事业支出是最重要的影响因素，其权重比例分别为 2.91% 和 2.75%。区域内人均通信事业收入和人均通信事业支出反映区域内对通信服务的需求程度，这两个指标和无线网络基站资源配置规模呈正相关关系。

四、经济因素

经济因素对基站资源配置规模的影响占一级影响指标的 15.53%，是一级指标排名第三的影响因素，其中影响最大的两个因素是城镇居民可支配收入和人均地区生产总值，组合权重分别为 2.10% 和 2.25%。这两个指标反映了区域内居民的收入水平情况，其是将通信服务需要转化为通信服务需求的条件。经济发展水平越高，人们对无线移动通信服务的需求程度越高，所需要的网络容量和无线网络基站数量也就越多。农村居民人均总收入和城镇居民生活费总支出是其次重要的影响因素，反映了居民的通信服务需求。农村居民生活费总支出、人均地方财政支出和人均地方财政收入对网络基站规模的影响最小，主要是因为人均地方财政收入和人均地方财政支出只是地方政府财政收支的重要指标，地方政府的财政收支在一定程度上影响政府管辖单位对通信服务程度的需求。另外，因为我国通信事业支出是由集团公司统一分配支出，和地方财政支出关系不大，因此人均地方财政支出和人均地方财政收入对基站配置规模的影响程度并不敏感。

五、企业内部因素

七类网络基站配置数量的影响因素中，企业内部因素是对基站配置规模发展的影响程度第二重要因素，权重高达 18.28%。这一结果有力地证明了企业发展的模式是内部主导的，意味着区域无线网络基站资源配置规模最主要是由企业自身的组织行为决定的，是由企业自身的发展规律决定的。从二级影响指标来看，企业收入合计和企业领导决策两项指标处于非常重要的地位，一方面说明企业比较重视企业收入，另一方面说明企业的领导决策对网络基站的资源配置规模有着重要的影响。月均发展和月均出账反映企业的发展现状和用户规模情况，两个指标对企业内部绩效因素的影响程度相当，且和企业内部绩效因素呈正相关关系，这意味着月均发展用户越多、月均出账用户规模越大，企业内部绩效越好，企业内部绩效越好对网络基站数量规模需求越大，同时可以看出企业在职职工人数对企业绩效因素影响不明显。

六、外部竞争因素

竞争环境类影响因素总体权重为 9.4%，是七项一级影响指标中影响程度最小的一项指标，表明区域的竞争程度对无线网络基站配置规模影响不明显，从 17 个样本地市分公司的实际竞争情况来看，各家运营商均是由省级分公司统一进行政策制定和销售方案实施，各个地市模式相对统一，所以各家运营商在各个地市分公司和县市级分公司的竞争激烈程度差别不太大。从外部竞争因素的二级指标来看，基站数占区域内基站总数的比例、技术人员占区域内技术人员总数的比例、用户数市场占有率和收入市场占有率四个二级影响因素的权重相当，均在 20% 左右，综合权重均接近 2%。

七、网络质量因素

网络质量因素占总体权重的 14.18%，是七项一级影响因素影响程度居中的一项指标，对无线网络基站资源配置规模的影响程度相对重要，因为在企业内外部影响因素一定的情况下，无线网络的质量越好，网络的容量越大，承载能力也就越强，对无线网络基站的规模需求也就越小。网络质量的二级影响因素中网络质量评估指标和无线网络维护指标是主要影响因素，网络质量评估指标包括无线网络问题小区指数、网络掉话率和 MR 质差通话比例等指标，是无线网络运行质量的标示。无线网络维护指标包括基站的断站和小区设备可用率等指标，是无线网络可用情况的反映。网络的运行情况越好网络可用率越高，资源的利用率也就越高，对资源的需求量也就越小。客户感知指标对网络质量的影响权重较低，为 15.01%。网络设备接入厂家都有着其自身的优缺点，对无线网络的质量也有一定的影响，但影响程度相对较小，综合权重为 2.17%。

本章小结

　　本章定性分析了无线网络基站配置规模各影响因素的影响，首先进行了基站规模影响因素的描述性分析，根据指标体系构建原则，通过专家咨询法构建了无线网络基站资源配置规模影响因素指标体系。其次，定性分析了基站资源配置中各个影响因素的主要维度和权重，专家对影响因素的评分和指标权重分析结论为基站配置规模影响因素定量分析提供依据，避免定量分析的盲目性。

电信业基站配置规模的
影响因素定量分析

本章是在基站配置规模影响因素定性研究的基础上，进一步探索分析基站资源配置影响因素的影响程度，以无线网络基站规模为因变量，筛选自然因素、社会因素等六类影响因素作为测量变量建模，定量刻画无线网络基站配置规模的主要影响因素、影响程度及其相互关系，系统探讨分析无线网络基站规模的影响因素，本章也是提高基站资源配置效率策略建议的基础和依据。

第一节　结构方程模型

SEM 是一种通用的统计建模技术，广泛应用于教育学、心理学、市场学、社会学、经营学、经济学和行为科学等领域。结构方程模型（Structural Equation Model，SEM）是探索和检验社会、自然现象因果关系的统计方法，其目的是研究事物间的因果关系，在已有理论基础上，通过相应的线性方程表示因果理论的一种统计技术（吴明隆，2012）。结构方程模型最初由 Bock 和 Bargmann（1969）倡议，Jöreskog（1970）描述了其建构的可能性，Jöreskog（1978）通过整合路径分析、多项联立方程及验证性因子分析最终形成结构方程模型。结构方程模型改善了传统的因子分析方式，以探索性因子分析为主，结构方程模型着重研究事物之间内在的本质结构，相比于传统的统计分析方法，结构方程模型具有以下七个方面的优点：

第一，引入潜变量使研究更加深入。传统因子分析方法可以对潜变量建立多元标示，却无法分析潜在变量之间的相互因果关系，结构方程模型可以将多个变量包括潜在变量纳入统一的模型中分析各个变量之间的结构关系。

第二，多元回归模型和传统路径分析等技术只能处理有观察值的变量，并且同时需要观测值不存在误差的假设，而 SEM 结构方程模型不需要对观测值进行限制，并且容许因变量和自变量之间存在误差。

第三，SEM 结构方程模型可以同时分析多个变量之间的因果关系，一方面可以计算各个自变量对因变量的直接效应，另一方面可以计算自变量对因变量的间接效应和总体效应。

第四，SEM 结构方程模型相对于传统的统计分析方法更侧重于依赖数据间的相互关系，避免了分析的主观性。

第五，容许潜在变量包含多个外源变量，可以同时估计因子结构和因子关系。

第六，SEM 结构方程模型的应用范围更加广泛，囊括了方差分析、路径分析、回归分析和因子分析等传统的统计分析方法。

第七，结构方程模型估计整个模型的拟合度。传统路径分析只能分析评价单条路径的强弱，SEM 结构方程模型却可以估计参数与不同模型针对相同的一组样本数据的拟合度。结构方程模型建模包括五个步骤：模型设计、识别、估计、评价和模型修正。SEM 对样本有一定的要求，一是所需要的样本容量不少于 150，如果样本太小可能违反正态分布，从而影响结果的稳定性；二是必须使用具有代表性和无偏性的样本，以提高结论的可靠性。结构方程模型可分为测量方程和结构方程两部分，潜变量和指标之间的关系通过测量方程分析，潜变量之间的关系通过结构模型分析。

1. 测量模型

指标与潜变量之间的关系，可以用如下方程表示。

$$x = \Lambda_x \xi + \delta$$

$$y = \Lambda_y \eta + \varepsilon \tag{7-1}$$

式（7-1）中，x 为外源指标组成的向量；y 为内生指标组成的向量；Λ_x 为外源指标与外源变量之间的关系，是外源指标在外源变量上的因子负荷矩阵；Λ_y 为内生指标与内生潜变量之间的关系，是内生指标在内生潜变量上的因子负荷矩阵；δ 为外源指标 x 的误差项；ε 为内生指标 y 的误差项。

2. 结构模型

结构模型将潜变量间的关系写成下列方程模式：

$$\eta = B\eta + \Gamma\xi + \zeta \tag{7-2}$$

式（7-2）中，η 表示内生潜变量；ξ 表示外源潜变量；B 表示内生潜变量之间的关系；Γ 为外源潜变量对内生潜变量的影响；η 在方程中未能解释的部分为残差项，用 ζ 表示。

第二节　模型识别研究与数据采集

一、模型数据采集

本节继续采用山东省该运营商所辖 120 个县级分公司为研究对象。影响因素指标库以上节的指标体系为基础并参考专家意见后建立，与上节指标不完全相同。根据该指标库收集研究对象 2013～2014 年数据，共计 240 条记录，影响因素描述性统计如表 7-1 所示。

表 7-1　影响因素指标描述性统计

描述统计量

指标名称		N	极小值	极大值	均值		标准差
		N	统计量	统计量	统计量	标准误	统计量
A01	山地丘陵占比（%）	240	0	76	31.65	2.811	30.792
A02	平原占比（%）	240	1	100	54.75	2.987	32.723
A03	洼地（%）	240	0	38	7.61	0.958	10.498
B01	年末总人口（万人）	240	4	169	69.84	2.754	30.166
B02	城镇人口比例（%）	240	0	1	0.57	0.038	0.205
B03	年末人口总户数（万户）	240	2	50	22.45	0.845	9.256
B04	全社会从业人员（万人）	240	0	28	8.33	0.506	5.544
B05	土地面积（平方公里）	240	57	3176	1224.81	49.770	545.208
C01	大学以上人员比例（%）	240	4	19	8.15	0.347	3.803
C02	人均 R&D 经费支出（元）	240	259	3816	1231.86	78.731	862.460
C03	人均交通和通信消费支出	240	226	984	519.86	12.331	135.077
C04	每万人拥有基站数（个）	240	1	33	9.57	0.441	4.829
D01	人均地区生产总值（元）	240	8518	160000	41105.67	2445.884	26793.313
D02	人均地方财政收入（元）	240	781	33904	4067.61	391.829	4292.274
D03	人均地方财政支出（元）	240	2388	23766	5263.55	304.301	3333.455
D04	城镇居民人均可支配收入（元）	240	12781	38755	27986.86	393.423	4309.734
D05	城镇居民生活费总支出（元）	240	6262	24269	17199.32	275.172	3014.353
D06	农村居民人均总收入（元）	240	8600	17855	12186.57	213.981	2324.425
D07	农村居民生活费总支出（元）	240	4801	11070	6896.84	133.128	1446.141
E01	在职职工人数（人）	240	76	226	131.51	2.425	26.562
E02	技术人员技术能力评价	240	89	95	92.08	0.185	2.028
E03	营销人员营销能力评价	240	70	98	83.00	0.584	6.403
E04	月均收入合计（元）	240	793892	14744481	5014493.18	254720.557	2790323.8
E05	月均出账（部）	240	18824	376679	132199.50	6430.213	70439.45
E06	月均发展（部）	240	193	18595	3557.45	209.720	2297.363
F01	基站数占区域内基站总数的比例（%）	240	17	61	36.58	0.632	6.921
F02	用户数市场占有率（%）	240	13	26	17.22	0.260	2.849

续表

描述统计量							
指标名称		N	极小值	极大值	均值		标准差
		N	统计量	统计量	统计量	标准误	统计量
F03	收入市场占有率（%）	240	12	25	16.43	0.304	3.335
G01	基站设备可用率（%）	240	99	100	99.66	0.024	0.265
G02	网络质量评估指标得分	240	95	100	97.18	0.564	0.396
G03	无线网络维护指标得分	240	93	99	96.67	0.643	0.431
G04	客户感知指标得分	240	91	99	94.17	0.175	0.356
G05	网络设备接入厂家	240	50	100	2.12	0.08	0.871

二、探索性因子分析

本书利用 SPSS19.0 统计软件基站规模影响因素指标进行主成分分析，先进行 KMO 检验和 Bartlett's 球形检验，检验结果如表 7-2 所示。

表 7-2　KMO 和 Bartlett's 球形检验

取样足够度的 Kaiser-Meyer-Olkin 度量		0.636
Bartlett's 球形检验	近似卡方	1380.443
	df	528
	Sig.	0.000

由表 7-2 检验结果可知，KMO 值为 0.636，处于"有价值"和"极佳"间的标准，Bartlett's 球形检验值为 1380.443，显著性为 0.000，表明样本数据通过 KMO 取样适当性检验及 Bartlett's 球形检验，适合进行主成分分析。

对样本数据以主轴法初步抽取共同因素以及进行正交旋转（Varimax），提取特征根大于 1 的主成分如表 7-3 所示，同时输出陡坡检验结果主成分分析碎石图如图 7-1 所示。

表 7-3　解释的总方差

成分	初始特征值			提取平方和载入			旋转平方和载入		
	合计	方差的%	累积%	合计	方差的%	累积%	合计	方差的%	累积%
1	10.253	31.070	31.070	10.253	31.070	31.070	6.045	18.319	18.319
2	5.106	15.473	46.544	5.106	15.473	46.544	5.142	15.580	33.899
3	3.872	11.733	58.277	3.872	11.733	58.277	4.338	13.145	47.045
4	2.192	6.641	64.918	2.192	6.641	64.918	3.209	9.724	56.768
5	1.964	5.952	70.870	1.964	5.952	70.870	3.154	9.559	66.327
6	1.726	5.230	76.100	1.726	5.230	76.100	2.203	6.677	73.004
7	1.272	3.853	79.953	1.272	3.853	79.953	1.802	5.461	78.465
8	1.167	3.535	83.488	1.167	3.535	83.488	1.658	5.023	83.488
9	0.832	2.522	86.010						
10	0.800	2.424	88.434						
11	0.691	2.094	90.527						
12	0.615	1.864	92.391						
13	0.420	1.272	93.664						
14	0.383	1.161	94.825						
15	0.332	1.006	95.831						
16	0.296	0.896	96.727						
17	0.208	0.630	97.357						
18	0.157	0.477	97.834						
19	0.151	0.458	98.292						
20	0.131	0.397	98.689						
21	0.113	0.344	99.033						
22	0.074	0.224	99.257						
23	0.068	0.205	99.462						
24	0.050	0.152	99.614						
25	0.048	0.144	99.758						
26	0.033	0.100	99.859						
27	0.020	0.060	99.919						
28	0.015	0.046	99.965						
29	0.007	0.020	99.985						
30	0.002	0.005	99.991						
31	0.002	0.005	99.996						

续表

成分	初始特征值			提取平方和载入			旋转平方和载入		
	合计	方差的%	累积%	合计	方差的%	累积%	合计	方差的%	累积%
32	0.002	0.002	99.998						
33	0.000	0.002	100.00						

注：提取方法为主成分分析法。

从表 7-3 中得到特征根大于 1 的 8 个主成分因子，可解释变量变异量分别为 31.07%、15.473%、11.733%、6.641%、5.952%、5.23%、3.853%、3.535%，累计反映了总体 83.488% 的信息。在社会科学中，保留的因素所能解释的变异量以达到 60% 为理想，本书达到 83.488%，表示具有良好的效度。

根据图 7-1 可以判定，陡坡中突然上升的因素，就是应该保留的因素。图中显示应该保留八个主成分因素因子，与特征值抽取的结果一致。由于未经旋转时，无法区分主成分在每个风险因素上的载荷，为了体现主成分因子的代表性，采用正交旋转（Varimax），转轴总共经过 5 次迭代（Iteration）达到内设收敛（Converge）标准。成分矩阵如表 7-4 所示，旋转后的载荷矩阵如表 7-5 所示，空间成分图如图 7-2 所示。

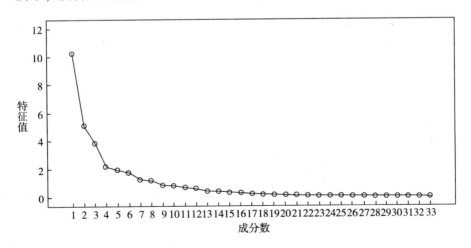

图 7-1　陡坡检验结果主成分分析碎石图

表 7-4　成分矩阵ᵃ

	成分							
	1	2	3	4	5	6	7	8
A01	0.445	0.248	−0.352	−0.341	0.265	−0.478	−0.012	−0.272
A02	−0.692	−0.270	0.300	0.035	0.103	0.447	−0.029	−0.096
A05	−0.606	−0.383	0.098	0.284	0.384	0.157	0.121	0.118
B01	−0.215	0.800	0.393	0.109	0.247	0.014	−0.090	−0.042
B02	0.430	−0.265	0.029	−0.094	0.232	0.085	−0.443	0.236
B03	−0.119	0.824	0.363	0.124	0.270	−0.063	−0.089	−0.089
B04	0.446	0.397	0.154	0.018	0.211	−0.200	−0.508	0.236
B05	0.738	0.003	−0.051	0.326	−0.438	−0.090	−0.018	0.227
C01	0.779	−0.285	−0.015	0.343	0.058	−0.156	0.071	0.078
C02	0.497	−0.238	−0.041	0.252	−0.410	0.109	−0.417	−0.307
C03	0.708	−0.325	−0.130	−0.097	−0.021	0.185	0.064	0.250
C04	0.279	−0.384	0.319	0.396	0.286	−0.178	0.250	0.448
D01	0.786	−0.238	0.014	−0.007	−0.036	0.169	0.182	−0.186
D02	0.693	−0.264	0.164	−0.254	0.156	0.369	−0.040	0.092
D03	0.724	−0.339	−0.034	−0.138	0.159	0.426	0.127	−0.026
D04	0.657	−0.178	0.085	−0.304	0.513	−0.149	0.081	−0.056
D05	0.603	−0.265	0.162	−0.256	0.493	−0.025	0.005	−0.296
D06	0.905	−0.112	0.136	−0.029	0.046	−0.027	−0.029	−0.152
D07	0.803	−0.179	0.359	0.025	0.172	−0.046	−0.019	−0.018
E01	0.341	0.602	0.050	0.183	0.220	0.079	−0.352	0.138
E02	0.581	0.452	−0.068	−0.312	−0.226	−0.121	0.227	0.285
E03	0.262	0.513	−0.123	−0.365	−0.123	0.192	−0.044	0.425
E04	0.541	0.466	0.573	0.039	−0.115	0.217	0.091	−0.099
E05	0.471	0.583	0.456	0.183	−0.183	0.089	0.103	−0.218
E06	−0.001	0.485	0.176	0.539	0.261	−0.169	0.394	−0.004
F01	0.434	0.398	0.500	−0.086	−0.137	0.436	0.217	0.029
F02	−0.291	0.566	−0.121	−0.487	−0.013	0.261	0.079	−0.025
F03	0.555	−0.180	0.179	0.455	−0.130	0.128	−0.188	−0.146
G01	0.434	0.300	−0.744	0.281	0.074	0.225	−0.002	−0.057
G02	0.093	0.300	−0.783	0.275	0.273	0.283	0.015	0.008
G03	−0.174	0.276	−0.725	0.250	0.315	0.388	−0.014	−0.023

续表

	成分							
	1	2	3	4	5	6	7	8
G04	0.709	0.224	−0.472	0.014	−0.057	−0.131	0.159	−0.098
G05	0.748	0.246	−0.451	0.031	−0.152	−0.157	0.124	−0.034

注：提取方法为主成分分析法。a 表示已提取了 8 个成分。

表 7-5　旋转成分矩阵ᵃ

	1	2	3	4	5	6	7	8
D03	0.854	0.081	−0.101	0.222	0.16	0.053	0.229	−0.08
D05	0.849	0.13	0.037	−0.024	−0.09	0.006	−0.314	0.101
D02	0.819	0.039	−0.028	0.168	−0.04	0.007	0.299	0.135
D04	0.8	0.302	0.004	−0.179	−0.077	0.142	−0.188	0.183
D07	0.708	0.232	0.193	0.291	−0.222	0.283	−0.01	0.176
D06	0.705	0.428	0.138	0.384	−0.09	0.112	−0.011	0.105
D01	0.695	0.309	0.019	0.377	0.032	0.097	0.082	−0.185
C03	0.609	0.27	−0.255	0.232	0.08	0.207	0.346	0.056
A01	0.268	0.725	0.006	−0.229	0.103	−0.185	−0.385	0.169
A03	0.165	0.723	0.228	−0.111	−0.054	−0.009	0.471	0.052
A02	−0.139	−0.526	−0.041	−0.106	−0.078	−0.151	−0.019	−0.189
B05	−0.235	0.511	0.185	−0.24	0.036	−0.091	−0.116	0.273
E05	−0.195	0.5016	0.165	−0.135	0.205	0.478	−0.175	−0.142
E02	0.128	0.273	0.827	0.303	−0.118	−0.031	0.136	−0.055
E04	0.326	0.166	0.776	0.246	−0.208	−0.028	0.278	0.006
E03	0.357	0.039	0.658	0.117	−0.136	−0.078	0.498	−0.115
C02	0.185	0.147	0.502	0.016	−0.005	−0.137	−0.047	0.087
C04	−0.135	−0.125	−0.5	−0.247	0.103	0.324	−0.191	−0.119
B01	0.453	−0.021	−0.208	0.617	−0.004	0.077	0.085	0.035
B02	−0.276	−0.106	0.029	0.563	0.022	−0.11	−0.048	0.256
E01	0.037	0.181	0.131	0.507	0.284	−0.002	0.101	0.085
F02	−0.042	0.172	−0.033	−0.043	0.952	−0.024	0.002	0.041
F03	−0.143	−0.076	−0.041	−0.133	0.941	−0.117	−0.022	0.01
F01	0.094	0.429	0.013	0.212	0.853	−0.024	0.062	0.028
G05	0.239	0.319	0.039	0.233	0.613	0.052	0.098	−0.01
G04	0.285	0.365	0.037	0.171	0.563	0.032	0.026	−0.047
G01	0.046	−0.391	−0.146	0.373	−0.324	0.876	0.041	0.002

续表

	1	2	3	4	5	6	7	8
G02	0.122	-0.211	-0.148	0.246	-0.147	0.654	0.211	0.122
G03	-0.118	-0.031	0.136	-0.155	-0.137	0.577	0.091	-0.122
E06	0.276	-0.193	-0.323	0.016	-0.155	0.562	0.035	0.067
C01	0.383	0.367	-0.045	0.43	0.054	0.53	-0.045	0.066
B03	0.029	0.35	0.177	-0.214	0.123	-0.211	0.616	0.272
B04	0.121	0.293	0.328	0.081	-0.022	0.059	0.029	0.548

注：提取方法为主成分分析法。旋转法：具有 Kaiser 标准化的正交旋转法。a 表示旋转在 19 次迭代后收敛。

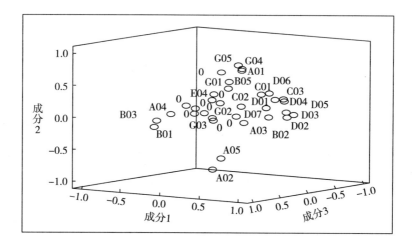

图 7-2　旋转空间中的成分图

1. 数据分析

对自然社会相关影响指标量表的各测量模型因子进行相关分析，由相关系数可知，基站配置规模相关的自然政策影响因素指标量表的社会影响因素中年末人口总人数（B01）和年末人口总户数（B03）之间的相关系数为 0.985。如果变量之间的相关系数太高（>0.7），可能出现 Ill-condition 情况，进行因子分析所得的结果将会不稳定，因此，对载荷因子太小（<0.5）和相关系数太大（>0.7）的因子进行分析，并结合实际情况，将不合适的因子剔除，以免影响总量表效度检验以及结果分析。在深入分析基础上，根据各指标对无线网络基站资源配置规模的影响重要程度，结合因子分析结果，本书中将年末人口总户数指标（B04）剔除，剩余量表测量题项之间的相关系数介于 0.059 ~ 0.677，且检验结果显示，KMO 样本测度值为 0.636，大于因子分析的最低标准 0.5，Bartlett's 球形检验值为 0，拒绝相关系数矩阵为单位矩阵的零假设，表明了因子分析的合理性。因子最小负荷为 0.677，八个特征根大于 1 的主成分可解释变量为 83.488%，说明量表进行因子分析的效果较好。

2. 因子命名

根据分析结果并结合实际情况，将无线网络基站资源配置的企业内外部影响因素相关指标分为七类。D01 ~ D07 在第一个主成分上有较大载荷，反映了区域经济指标对无线网络基站资源配置规模的影响，因此第一个主成分因子 X1 命名为"经济因素"因子，主要描述区域内人均GDP、人均财政收支情况、城镇居民和农村居民人均收支情况。A01、A02、A03 和 B05 在第二个主成分上有较大载荷，反映了区域地形、地貌等自然因素，第二个主成分因子 X2 命名为"自然因素"因子，主要描述区域内地形、地貌的自然因素和区域土地面积的情况；E02、E03、E04 在第三个主成分上有较大载荷，反映了企业经营绩效对基站资源配置规模的影响因素，因此，将第三个主成分因子 X3 命名为"经营绩效"因子，主要描述经营单元业务收入、技术力量和营销力量对基站资源配置规模带来的影响；B01、B02 和 E01 在第四个主成分上有较大载荷，将第四个主成分因子 X4 命名为"人口因素"因子，主要反映区域人口总数和在职职工人数对基站资源配置规模带来的影响；F01、F02、F03、G04 和 G05 五个因素在第五个主成分上有较大载荷，因此将第五个主成分因子 X5 命名为"竞争因素"因子，反映区域内基站数、移动用户数和收入的市场占有率情况表明市场竞争激烈程度；G01、G02、G03、E06、C01 在第六个主成分上载荷较大，将第六个主成分因子 X6 命名为"网络质量"因子，反映基站设备可用率、网络维护等区域无线网络质量对基站配置规模的影响。第七个主成分因子仅在 B03 年末人口总户数上有较大载荷，第八个主成分因子仅在 B04 全社会从业人员上有较大载荷（见表 7-5）。

第三节　基站配置规模的影响因素分析

一、结构方程模型构建

本节在影响因素的文献分析的基础上，利用结构方程理论模型，参考基站资源配置规模影响因素的专家咨询结果，依据影响因素主成分分析结果，构建了无线网络基站配置规模的影响因素结构方程模型，模型包含六个隐变量。六个隐变量分别为经济因素、自然因素、经营绩效因素、人口因素、竞争因素和网络质量因素。主要包含企业外部变量因素和企业内部变量因素。然后结合专家对网络规模影响因素的二级指标权重的咨询结果，确定六个潜在变量的测量变量，各潜变量和测量变量汇总如下：

经济因素（潜在变量 X1）包括人均地区生产总值（D01），反映区域财政收支的人均地方财政收入（D02）和人均地方财政支出（D03），反映城镇居民收支的城镇居民人均可支配收入（D04）和城镇居民生活费用总支出（D05）；反映区域农村居民收支情况的农村居民人均总收入（D06）和农村居民生活费总支出（D07）。自然因素（潜在变量 X2）包括山地丘陵占比（A01）、平原占比（A02）、土地面积（B05）。经营绩效因素（潜在变量 X3）包括月均收入合计（E04）、技术人员能力（E02）和营销人员能力（E03）。人口因素（潜在变量 X4）包括年末总人口（B01）和城镇人口比例（B02）。竞争因素（潜在变量 X5）包括基站数占区域内基站总数的比例（F01）、用户收入市场占有率（F02）、用户数市场占有率（F03）。网络质量因素（潜在变量 X6）包含基站设备可用率（G01）、网络质量评估指标得分（G02）、无线网络维护指标得分（G03）。以 6 个潜变量和 21 个测量变量为基础，构建基站配置规模影响因素结构方程模型，其示意图如图 7-3 所示：

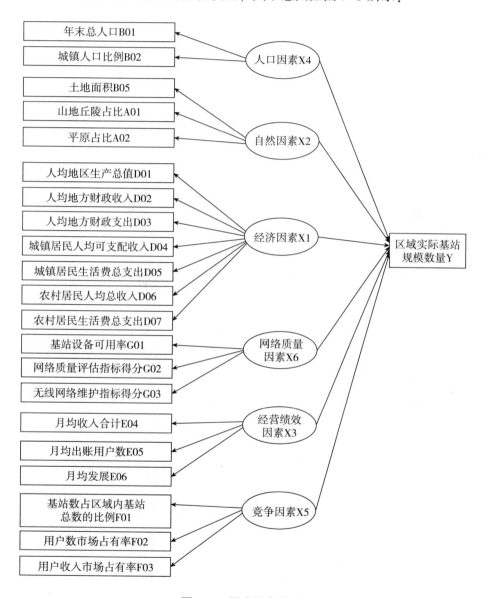

图 7-3　影响因素模型

其中右边方框内区域实际基站规模数量 Y 为因变量，椭圆形内X1～X6 为潜在变量，左边长方形框内 21 个变量为测量变量。

二、模型数据拟合与评价

用结构方程模型来研究自然政策、社会经济因素和企业经营绩效、外部竞争因素对基站资源配置规模的影响，采用拟合度检验验证假设模型和实际数据样本的一致性，借助 AMOS17.0 软件进行结构方程模型分析。

1. 内容效度检验

根据 Sethi 和 Carraher（1993）的建议，按照变量分析结果，利用结构方程分析软件（AMOS17.0），采用二阶验证性因子分析进行检验，模型参数检验结果如表 7-6 所示。

表 7-6　模型参数

	Weights	Covariances	Variances	Means	Intercepts	Total
Fixed	29	0	0	0	0	29
Labeled	0	0	0	0	0	0
Unlabeled	16	0	23	0	17	56
Total	45	0	23	0	17	85

模型中共有 45 个回归系数参数，其中 29 个是固定参数，16 个是待估计的参数，待估计的协方差参数有 0 个，待估计的方差参数有 23 个，待估计参数有 56 个，全部的参数有 85 个。

应用 AMOS17.0 进行结构方程建模，在建好结构方程模型之后，将上述测量变量及配置规模因变量导入模型进行数据拟合。通过对模型的不断修正，得出现有条件下最优模型。结构方程模型各个拟合优度指标如表 7-7 所示。

表 7-7　模型拟合度指标

统计 检验量	指标值	适配度标准 和临界值	拟合度说明
χ^2	2.833		
df	1.14		
χ^2/df	2.4858	1<P<3	此值小于 1 表示模型过度适配，大于 3 表示模型适配度不佳，介于 1~3 表示模型适配良好，较严格的适配度准则是卡方自由度比值介于 1~2。此数值介于 1~3，表示假设模型与样本数据的契合度可以接受
P	0.19	>0.05	接受模型
NFI	0.985	>0.90	越接近 1 表示模型适配度越佳，此数据拟合度很好
IFI	0.956	>0.90	越接近 1 表示模型适配度越佳，此数据拟合度很好
TLI	0.923	>0.90	越接近 1 表示模型适配度越佳，此数据拟合度很好
CFI	0.948	>0.90	越接近 1 表示模型适配度越佳，此数据拟合度很好
RMSEA	0.056	<0.08	适配合理

拟合指标说明：

整体模型的因果路径图和实际资料的适配程度由卡方值 χ^2 表示，χ^2 越小表示适配程度越好，卡方值不显著的情况下，因果路径图模型与实际数据是一致的，卡方值最小为 0，意味着假设因果模型与观测数据完全适配。χ^2/df 为卡方自由度比，数值越小表示假设模型的协方差矩阵与观察数据越适配，相对地，卡方自由度比值越大，表示模型的适配度越差。本模型值为 2.4858，可以接受这个模型。NFI 是比较拟合指数，其值介于 0 和 1 之间。NFI 接近 1 表示拟合非常好，其值大于 0.90 表示模型可接受，本模型值为 0.985，表明拟合度很好。IFI 为规范拟合指数，其值变化范围在 0 和 1 之间，1 表示完全拟合，本模型为 0.956，表明拟合度很好。CFI 是比较适配指数，其值接近 1 表示拟合良好，大于 0.90 为可接受拟合，本模型为 0.948，表明拟合度很好。TLI 是 Tucker-Lewis 系数，也称为 Bentler-Bonett 非规范拟合指数（NNFI），用来比较两个独立模型之间的适配程度，其值接近 1 表示拟合良好，本模型为 0.923，表明拟合度较好。综合上述讨论，表明模型支持基本模型假设，同时说明模型具有较好的解释能力。

2. 适配度检验

通过 AMOS17.0 分析软件进行模型参数估计时，选择最大似然法（Maximum Likelihood，ML），得到的未标准化回归系数如表 7-8 所示，影响因素残差如表 7-9 所示。

表 7-8　极大似然法估计的未标准化回归系数

测量指标	方向	测量体项	Estimate	S. E.	C. R.	P
D07	←	经济因素 X1	1			
D06	←	经济因素 X1	1.68	0.117	14.393	***
D05	←	经济因素 X1	1.751	0.178	9.82	***
D04	←	经济因素 X1	2.513	0.254	9.882	***
D03	←	经济因素 X1	2.141	0.184	11.612	***
D02	←	经济因素 X1	2.669	0.243	10.972	***
D01	←	经济因素 X1	17.369	1.471	11.807	***
A02	←	自然因素 X2	1			
A01	←	自然因素 X2	−0.582	0.073	−7.964	***
A04	←	自然因素 X2	−0.384	1.173	−2.751	0.006
G03	←	网络质量因素 X6	1			
G02	←	经营绩效因素 X3	34.255	2.572	13.317	***
G01	←	网络质量因素 X6	16.358	1.709	9.559	***
B03	←	人口因素 X4	1			
B01	←	人口因素 X4	15.62	3.854	4.053	***
E02	←	经营绩效因素 X3	1			
E03	←	经营绩效因素 X3	14.693	0.9889	14.919	***

续表

测量指标	方向	测量体项	Estimate	S.E.	C.R.	P
E04	←	经营绩效因素 X3	0.006	0.001	4.838	***
F03	←	竞争因素 X5	1			
F02	←	竞争因素 X5	0.978	0.042	23.374	***
F01	←	竞争因素 X5	0.733	0.066	11.113	***
Y	←	人口因素 X4	10.150	3.2671	3.107	***
Y	←	自然因素 X2	5.766	1.012	5.698	***
Y	←	经济因素 X1	0.555	0.09	6.173	***
Y	←	网络质量因素 X6	30.497	4.0163	7.589	***
Y	←	经营绩效因素 X3	0.084	0.01	8.461	***
Y	←	竞争因素 X5	9.299	1.073	8.667	***

　　表 7-8 为采用极大似然法估计的标准化回归系数，在模型设定时，将"D07←经济因素 X1""A02←自然因素 X2"和"B03←人口因素 X4""G03←网络质量因素 X6""E02←经营绩效因素 X3"和"F03←竞争因素 X5"六个未标准化回归系数参数设为固定参数，固定参数的数值为 1，所以这六个参数不需要进行路径系数显著性检验，其标准误（S.E.）、临界比（C.R.）、显著性 P 值均为空白。当显著性的概率值小于 0.001 时，则 P 值栏用"＊＊＊"符号表示。

表 7-9　影响因素残差

	Estimate	S.E.	C.R.	P
d1	8.073392	1.271	6.352	***
d2	9.521831	1.571	6.061	***
d3	9.318818	1.171	7.958	***
d4	3.794028	0.987	3.844	***

	Estimate	S. E.	C. R.	P
d5	18.422734	2.959	6.226	***
d6	8.912422	2.773	3.214	***
e3	7.051659	1.867	3.777	***
e02	2.586279	1.063	2.733	0.005
e01	11.397236	1.541	7.396	***
e05	4.822466	1.577	3.058	***
e04	9.258398	2.531	3.658	***
e08	4.402014	1.257	3.502	***
e07	5.629792	1.312	4.291	***
e06	20.078473	2.549	7.877	***
e11	6.213056	1.006	6.176	***
e10	10.344126	1.614	6.409	***
e09	4.334616	1.144	3.789	***
e14	12.947642	1.819	7.118	***
e13	10.863027	1.923	5.649	***
e12	14.552704	1.927	7.552	***
e16	9.1373515	1.559275	5.86	***
e15	9.243689	2.041	4.529	***
...	...	...	...	...
d0	4.313121	1.173	3.677	***

表7-9为高阶因素构念的方差，包括六个潜在变量测量残差变异量估计值和16个误差变量的测量残差变异量估计值，23个估计参数的测量误差值均为正数，并且达到0.05的显著水平，其变异标准误（S. E.）估计值均较小，表示构建模型无模型界定错误问题。23个估计参数中没有出现负的误差变异量，并且标准误估计均值很小，表示构建结构方程

模型的基本适配度良好。

三、模型参数估计

通过 AMOS17.0 分析软件进行模型参数估计时，选择最大似然法（Maximum Likelihood，ML），各变量间的路径关系均通过显著性检验，得到基站资源配置规模影响因素结构方程参数估计路径如图 7-4 所示。

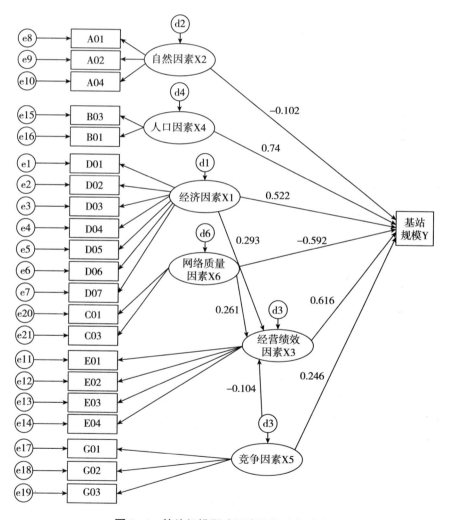

图 7-4　基站规模影响因素结构方程路径

本书运用 AMOS17.0 与软件对结构方程模型进行分析，得到潜变量和因变量 Y 之间、测量变量与潜变量之间以及潜变量与潜变量之间的标准化回归系数如表 7-10 所示。

表 7-10　基站资源配置规模影响因素结构方程模型标准化回归系数

	被影响因素	指标代码	方向	影响因素	估计回归系数
潜变量和因变量 Y 之间	基站实际配置规模	Y	←	人口因素 X4	0.74
	基站实际配置规模	Y	←	经济因素 X1	0.522
	基站实际配置规模	Y	←	网络质量因素 X6	−0.592
	基站实际配置规模	Y	←	经营绩效因素 X3	0.616
	基站实际配置规模	Y	←	竞争因素 X5	0.246
	基站实际配置规模	Y	←	自然因素 X2	−0.102
测量变量与潜变量之间	农村居民生活费总支出	D07	←	经济因素 X1	0.876
	农村居民人均总收入	D06	←	经济因素 X1	0.913
	城镇居民生活费总支出	D05	←	经济因素 X1	0.738
	城镇居民人均可支配收入	D04	←	经济因素 X1	0.742
	人均地方财政支出（元）	D03	←	经济因素 X1	0.812
	人均地方财政收入（元）	D02	←	经济因素 X1	0.789
	人均地区生产总值（元）	D01	←	经济因素 X1	0.82
	平原占比（%）	A02	←	自然因素 X2	0.485
	山地丘陵占比（%）	A01	←	自然因素 X2	−0.508
	土地面积（平方公里）	A04	←	自然因素 X2	−0.451
	基站设备可用率	G01	←	网络质量因素 X6	0.522
	网络维护质量指标	G02	←	网络质量因素 X6	0.386
	网络优化质量指标	G03	←	网络质量因素 X6	0.643
	全社会从业人员（万人）	B03	←	人口因素 X4	0.489
	年末总人口（万人）	B01	←	人口因素 X4	0.712
	营销人员能力	E03	←	经营绩效因素 X3	0.808
	技术人员能力	E02	←	经营绩效因素 X3	0.899
	月均收入合计（万元）	E04	←	经营绩效因素 X3	0.717

	被影响因素	指标代码	方向	影响因素	估计回归系数
测量变量与潜变量之间	用户数占比	G03	←	竞争因素 X5	0.901
	收入占比	G02	←	竞争因素 X5	0.758
	基站数占区域内基站总数的比例	G01	←	竞争因素 X5	0.846
潜变量与潜变量之间	经营绩效 X3		←	网络质量因素 X6	0.261
	经营绩效 X3		←	竞争因素 X5	−0.104
	经营绩效 X3		←	经济因素 X1	0.293

　　运用 AMOS17.0 软件对结构方程模型进行分析，得到基站规模影响因素间接效果值如表 7-11 所示。

表 7-11　基站规模影响因素间接效果值

类别	直接效果	间接效果	总效果值
网络质量因素 X6→经营绩效 X3	0.261	0	0.261
网络质量因素 X6→基站规模	−0.592	0.161	−0.431
竞争因素 X5→经营绩效 X3	−0.104	0	−0.104
竞争因素 X5→基站规模	−0.258	0.064	0.194
经济因素 X1→经营绩效 X3	0.293	0	0.293
经济因素 X1→基站规模	0.522	0.181	0.703

四、路径结果分析

1. 潜变量和因变量之间的直接影响关系

　　区域无线网络基站资源配置规模第一影响因素是人口因素，其标准化系数为 0.74，也就是说人口因素每增加 1 个单位，无线网络基站资源配置规模就增长 0.74 个单位。

　　区域无线网络基站资源配置规模第二影响因素是经营绩效因素，回归系数为 0.616，表明经营绩效因素正向影响无线网络基站资源配置规模，经营绩效因素每增加 1 个单位，无线网络基站资源配置规模就增加 0.616 个单位。

区域无线网络基站资源配置规模第三个影响因素是网络质量因素，回归系数为-0.592，表明资源配置规模和网络质量因素呈现强负相关的关系，基站设备可用率和网络质量指标共同影响的网络质量因素每提高 1 个单位，无线网络基站资源配置规模降低 0.592 个单位。

区域无线网络基站资源配置规模第四个影响因素是经济因素，回归系数为 0.522，表明区域经济发展和资源配置呈现正相关的关系，经济发展因素每提高 1 个单位，无线网络基站资源配置增长 0.522 个单位。

区域无线网络基站资源配置规模第五个影响因素是竞争因素，回归系数为 0.246，由此可以看出，运营商之间的竞争因素正向影响无线网络基站资源配置规模，竞争因素每提高 1 个单位，无线网络基站资源配置规模增加 0.246 个单位，影响回归系数较小。

区域无线网络基站资源配置规模第六个影响因素是自然因素，回归系数为-0.102，表示自然因素与无线网络基站资源配置规模负相关，影响回归系数较小，自然因素每增加 1 个单位，无线网络基站资源配置规模减少 0.102 个单位。

2. 潜变量和测量变量之间的影响关系

自然因素主要通过区域土地面积、山地丘陵占比和平原占比体现出来，回归系数分别为-0.451、-0.508 和 0.485。区域土地面积和自然因素呈现负相关关系，山地丘陵占比和自然因素呈现负相关关系，揭示自然因素越好的，区域山地丘陵占比越小，平原占比越大。

人口因素通过年末总人口和全社会从业人员总数体现出来，其回归系数分别为 0.712 和 0.489，表明年末总人口和全社会从业人员总数与人口因素呈现正相关关系。

经济因素由人均地区生产总值、人均地方财政收入和人均地方财政支出等七项指标体现出来，回归系数均在 0.7 以上，其中农村居民人均总收入回归系数最大，回归系数为 0.913，城镇居民生活费用总支出回归系数最小，回归系数为 0.738。表明七项影响因素对经济因素的影响程度相当，经济越发达，人均地区生产总值越高，人均地方财政收入和人均地方财政支出越多，城镇和农村居民收入和支出也越多，这符合 140 个县（县级市）的实际情况。

基站设备可用率和网络优化指标共同影响网络质量因素，影响程度分别为 0.522 和 0.643，基站设备可用率越高网络质量越好，网络优化程度越高网络质量越好。

经营绩效与技术人员能力、销售人员能力和月均收入之间的回归系数都高于 0.8，由此可以看出这三个影响因素对电信经营绩效的影响程度相当。这也意味着电信企业的绩效主要取决于员工素质和业务收入，这符合 140 个县（县级市）的实际情况。

基站数占区域内基站总数的比例、营销人员占区域内营销人员总数的比例和技术人员占区域内技术人员总数的比例共同影响竞争环境因素，回归系数分别为 0.846、0.901 和 0.758，表明营销人员力量对竞争环境的影响大于技术人员力量对竞争环境因素的影响。

3. 潜变量之间的影响关系

从表 7-10 可以看出，网络质量因素对经营绩效影响回归系数仅为 0.261。竞争环境因素对经营绩效因素产生负向影响，也就意味着竞争越激烈经营绩效越差，影响回归系数为 -0.104。经济发展因素对经营绩效因素影响较大，呈正相关关系，回归系数为 0.293，说明经济发展水平越高，经营绩效越好。

4. 潜变量和因变量之间的间接影响关系

从表 7-11 可以看出，网络质量因素对基站规模直接影响效果值为 -0.592，以经营绩效因素为中介对基站规模的间接影响效果值为 0.161，所以网络质量因素对基站规模总体影响为 -0.431，网络质量因素每提高 1 个单位，基站规模降低 0.431 个单位；竞争因素与基站规模总体呈正相关关系，竞争因素每增加 1 个单位，基站规模增加 0.194 个单位，其中竞争因素对基站规模的直接影响效果值为-0.258，通过经营绩效中介因素对基站规模的间接影响效果值为 0.064；经济因素对基站规模的总体影响效果值最大，为 0.703，其中直接影响效果值为 0.522，通过经营绩效对基站规模的间接影响效果值为 0.181，经济因素每提高 1 个单位，基站规模增加 0.703 个单位。

第四节　基站规模影响因素研究结论

根据上节参数估计情况并结合基站配置规模影响因素的定性分析结果，分析山东电信业基站资源配置规模影响因素，本书在定性研究的基础上定量研究得出以下主要结论：

第一，区域人口因素和经济发展因素是无线网络基站配置规模最重要的影响因素，人口因素和网络基站规模呈正相关关系，区域人口数量对基站配置规模影响效果值为 0.74，人口数量每增加 1 个单位，网络基站资源配置规模增加 0.74 个单位；区域经济发展因素和网络基站资源配置规模正相关，区域经济对基站规模总体影响效果值为 0.703，其中直接影响效果值为 0.522，通过经营绩效对基站规模的间接影响效果值为 0.181，区域经济因素每提高 1 个单位，基站规模配置增加 0.703 个单位。

第二，企业经营绩效因素和网络质量因素是无线网络基站规模较重要的两个因素，经营绩效因素与基站规模呈正相关关系，对基站规模影响效果值为 0.616，企业经营绩效每提高 1 个单位，网络基站规模配置增加 0.616 个单位；网络质量因素对基站规模配置反相关，总影响效果值为-0.431，网络质量每提高 1 个单位，网络基站配置规模减少 0.431 个单位，其中网络质量因素对基站规模的直接影响值为-0.592，以企业经营绩效因素为中介的间接影响效果值为 0.161，基站设备可用率和网络优化指标共同影响网络质量因素，影响程度分别为 0.522 和 0.643，所以提高基站设备可用率和合理地进行网络优化，可以满足网络服务需求的情况下降低基站配置规模，提高基站效率。

第三，无线网络基站配置规模影响最小的两个因素是竞争因素和自然因素，竞争因素对基站规模的总影响效果值为 0.175，竞争因素对基站规模的直接影响效果值为 0.246，通过经营绩效中介因素对基站规模的间接影响效果值为 -0.064，竞争因素每增加 1 个单位，基站规模增加0.175 个单位；自然因素与网络基站规模配置呈负相关关系，影响效果值为 -0.102，自然因素每增加 1 个单位，基站规模配置降低 0.102 个单位，平原占比是自然因素的重要指标，区域平原占比越高，网络基站配置规模越小。

本章小结

本章以无线网络基站资源配置规模影响因素的定性研究为基本前提，建立影响因素结构方程模型，以无线网络基站配置规模为因变量，以自然因素、社会因素等六类影响因素作为测量变量建模，定量刻画无线网络基站配置规模的主要影响因素、影响程度及其相互关系。本章基站规模影响因素分析与上章定性分析相互补充、相互促进，在定性分析的基础上定量分析避免了盲目性，基站配置规模影响因素定量分析之定性结论更加科学、准确，为提出基站效率提升策略提供依据。

电信业基站资源效率提升
思路与对策

通过基站资源配置效率时序静态分析和动态演进研究，得出山东该电信运营商 17 个地市分公司的时间和空间静态资源配置情况，也研究得出不同地市公司的时序动态演进情况；通过对基站网络规模影响因素的定性和定量研究，分析得出基站资源配置的六维度影响因素。本章根据无线网络配置效率的时空特征和基站资源配置规模的影响因素研究结论，设计无线网络基站资源配置的时间和空间思路。效率的定义是产出与投入的比值，效率的提升可以通过增加产出和减少投入，本章将制定增加业务产出的措施策略。合理地配置基站规模可以在满足服务需求的情况下减少建设和运营成本，在影响基站规模的六个维度因素中，自然因素、经济因素和人口因素是区域客观条件，不便于实现基站配置效率改变，本章针对另外三个维度网络质量因素、企业经营绩效因素和竞争环境因素提出相应的策略建议。

第一节　基站资源整体配置的思路

根据无线网络配置效率的时空特征的研究结论，基站整体资产配置综合效率偏低，基站资源配置时间和空间序列综合效率差别都较大，资源配置均衡性较差，本节提出时间维度和空间维度基站资源配置思路。

一、空间维度配置的思路

（1）资源成本分配。本书研究发现运营商公司总体资产配置综合效率平均值，大规模 A 类地市综合效率最好，中等规模 B 类地市分公司综合效率其次，小规模 C 类地市分公司最低，所以建议建设维护资源掌握部门在资源成本分配时，向大规模 A 类地市运营商分公司倾斜，从而提高企业资源整体综合效率。

（2）标杆作用。通过研究发现资源配置效率较高的运营商经营单元，建立学习标杆，基站资源配置效率较低的分公司通过对标杆分公司的综合学习，提高自身资源配置效率。

（3）降低投入冗余。通过研究发现无线网络基站资源配置投入冗余较多的分公司经营单元，资源管理部门或考核部门可以督促其加大业务发展，提高产出，从而提高基站资源配置效率。对于维护成本之类可以调减的投入适当进行调减。

（4）投入不足。研究发现对于投入不足的企业分公司，资源管理部门或考核部门可以通过督促其进行网络优化，增加网络的承载能力，提高客户服务质量。为了改变无线网络基站资源空间分布不均衡、网络结构不合理的现状，应当加快网络资源建设进度，对于无线网络覆盖率低于全省平均的地市分公司，要以提高无线网络覆盖率为主要目标，大力开展无线网络建设，加快建设进度。

二、时间维度配置的思路

无线网络基站资源配置是一个持续的过程，在网络建设的不同时期工作的侧重点也不同。网络规划建设前，需要制定合理的网络规划方案、保证方案实施与设计的符合性、充分查找与排除设备安装和参数设置错误，都将为后期的网络优化工作带来积极的影响。

（1）规模发展。通过对基站全要素生产率的时序动态演进发现，电信运营商生产率的提高不仅受新技术的投入运营的影响，还受用户业务规模的影响，用户规模的带动效应会提高资源利用率，建议加大业务发展力度，扩大用户规模，从而提高企业生产率，提高基站资源配置效率。

（2）边建设边发展。通过对电信运营商基站资源配置效率的时序动态演进研究发现，在新技术投入初期，整体无线网络基站资源配置效率大幅下降，而后升高，为了提高无线网络整体资源配置效率，建议分公司运营单元在新技术新网络投入初期，坚持边建设边发展的企业运营理念。

（3）资源分配。资源管理部门对增长幅度较高的分公司运营单元合理地进行资源配置倾斜，对于生产率增长相对较缓的分公司运营单元，一方面考虑减少后续资源配置，另一方面考虑督促其进行网络优化以提高网络基站资源配置效率。

第二节　改进企业领导决策机制，提高企业绩效

无线网络基站规模配置的第二大影响因素就是企业绩效因素，技术人员能力、销售人员能力和月均收入共同决定企业绩效因素，通过提高企业绩效可以有效提升基站网络配置效率。目前由于各方面的原因，我国还没有建立起科学合理的通信企业职业化管理体制和选聘机制，企业管理者以技术和业务人员转型居多，企业领导业务和管理工作"双肩挑"的局面相当普遍（谢万弟，1994）。与部分国家先进的企业管理水平相比，我国通信企业的管理方法和手段相对落后。由于现阶段我国通信企业仍属于事业向企业的过渡期，其经营管理模式仍然难以摆脱计划

经济模式下的管理体制，管理效益相对较低，运行成本居高不下。从目前部分地市公司财务情况来看，账面基本都是反映亏损。虽然现有财务会计制度并不能准确反映企业经营状况，但这也在一定程度上反映了部分地市公司企业经营管理不善，成本居高不下的现实情况。

由此可见，我国通信企业公司内部还是相对粗放的经营方式，其忽视了企业内涵建设与发展。部分地市分公司采取各种措施争取上一级公司部门的建设和维护投资，不计成本进行网络投资的必然后果是管理成本的上升，在我国通信企业内部管理水平尚未实现科学管理的前提下，其管理成本则更高。因此，建议在严格控制企业规模投资发展的情况下，通过科学决策和管理提高通信企业基站资源配置的运营效率，加强企业经营和管理；通过提高业务发展，优化网络资源应对不断增长的通信服务需求；通过科学决策和管理提高企业网络资源的利用率，提供高质量的通信服务。

通信企业发展的重要基础是人力资源的有效管理。第一，无线网络运营的重点专业要不断增加经费投入，可以适当引进企业管理和无线通信技术高层次专业人才；第二，加强山东西部地区如德州、聊城和菏泽等经济落后地区的技术力量薄弱公司的技术人才培养；第三，要不断制定技术创新激励制度，并加大实施力度，不断提高整体专业技术人员技术创新的积极性；第四，有效建立产学研合作的人才培养模式，并不断进行完善，利用电信企业网络建设重大项目建立良好的合作交流平台，培养企业无线网络专业技术人才，从而实现无线网络基站的不断优化；第五，做好企业技术人员和销售人员的在职教育工作。

第三节　建立适度竞争的政策环境

通过本书的研究可以看出竞争因素是影响无线网络基站资源配置规

模的第五大影响因素，运营商之间的竞争情况现阶段正向影响无线网络基站资源配置规模，也就是说竞争越激烈的区域需求基站数量规模越大，但随着竞争的不断加剧，恶意竞争就会出现，企业大规模无限制地进行基站建设又会降低基站资源配置效率，因此为了有效地进行无线网络基站资源的利用，提高利用效率，必须建立有效的适度的竞争环境，包括健全法制政策的制定和有效市场准入政策的设计，还包括电信运营商之间的互联互通政策的制定，以及执行和共建共享政策的合理制定并有效执行。

第四节　基站建设规划策略

笔者研究发现，无线网络质量会影响无线基站配置数量规模，也就影响了基站资源配置的效率，网络质量指标越高，相同条件下需求的基站数量就越少，资源配置的效率也就越高，反之亦然。因此，笔者建议从合理地进行基站资源配置规划和有效地进行基站网络优化两个方面来提高无线网络的服务质量。

依据各地市网络规模规划预算，综合考虑业务密度等因素规划建网的区域。在规划建网区域内优先以原有的站址进行新站的共站址的建设，但要满足新站的网络结构、站间距、高度等要求。在网络规划实施过程中，无线网络宏站规划实施严格按照网络需求分析、站址规划、天面规划以及无线规划四个方面进行。

根据各地市网络规模规划预算，综合考虑业务密度等因素规划建网的区域。在规划建网区域内优先以原有的 2G/3G 站址进行 TD-LTE 的共站址的建设，但要满足 TD-LTE 的网络结构、站间距、高度等要求，另外要注意原有的 2G/3G 站点的传输、机房、天面等要有富余的建设空间。对于不适合共站址建设的站点和无 2G/3G 站址的站点覆盖的区域要进行 TD-LTE 新建站址。站址位置确认后要根据实际情况进行 2/8 天线、MIMO、传输等配置。对于一些覆盖难度较大的区域可以考虑采用建设拉远、Small Cell 等方式进行解决。

LTE 宏站规划原则各地市网络部需提早介入，综合使用 LTE 规划仿真数据、基于 2G/TD 的 MR、扫频和路测数据的 LTE 网络结构预估等多种手段，对 LTE 规划方案进行逐小区、逐基站的分析，确保 LTE 规划方案具备合理的网络结构，力争从源头规避网络结构问题。无线网建设原则分为指标要求和基站建设原则，指标方面包括：覆盖指标（目标覆盖区域内公共参考信号接收功率（RSRP）≥−100dBm 的概率达到95%）、基站间距（密集城区每平方公里不小于 7 个基站，一般城区每平方公里不小于 4 个站）、性能指标（TD-LTE 室外采用同频组网，按照邻小区负载 50% 的条件下，无线接通率>95%；掉话率<4%；系统内切换成功率>95%；单小区的下行平均吞吐量>20Mbps）、边缘速率（邻小区负载 50%，5 用户均匀分布情况下，城区大部分场景的室外边缘用户上下行速率为 256kbps/1Mbps，少量场景室外边缘用户上下行速率为 128kbps/512kbps，室内分布系统边缘用户上下行速率为 512kbps/2Mbps）。基站建设原则包括站型配置（宏站原则采用三扇区配置，站型配合为 S111，平均吞吐量为 60Mbps/基站）、天线（2.6G 室外天馈系统）。

本节针对无线网络宏站规划，在网络规划实施过程中，LTE 宏站规划实施主要包括网络需求分析、站址规划、天面规划以及无线规划四个方面。

一、网络需求分析

无线网络覆盖需求分析建议，对数据业务密度为 1~4 级的热点区域重点考虑，还要考虑批复建设规模、城市区域功能、业务宣传等方面综合选择。同时遵循以下原则：

第一，TD-LTE 覆盖区域主要考虑 GSM、TD-SCDMA 数据业务热点区域，数据业务热点区域将对宏基站和室内分布站进行综合分析确定，实现主要数据热点区域室外成片连续覆盖及重要楼宇的室内有效覆盖。

第二，根据不同目标区域对于覆盖质量指标的差异化要求，制定有针对性的无线网络覆盖目标。

第三，在满足设计目标前提下，应充分利用现有的通信基础设施资源。

无线网络容量分析，LTE 网络用于承载高速数据业务，应对覆盖区内的用户数和业务分布进行调查和预测，得出一段时间内的业务模型和业务密度分布预测，作为无线网络容量设计的基础数据。网络容量应通过分析目标小区业务量预测结果和小区平均吞吐量要求，确定系统子帧配置以及站型配置，以使网络处于合理负荷。

采用策略：无线网络容量设计应遵循以下原则：

第一，网络容量应根据工程满足期的业务需求配置，考虑现实性和可持续发展性，既要满足当期工程要求，又要兼顾今后的发展。

第二，网络容量设计以该区域实际业务比例和业务密度为基础，并综合考虑社会经济发展等因素。

第三，网络容量设计应考虑业务的多样性需求，并设置合理的网络负荷。

二、合理进行站址规划

站址规划需要根据不同场景需求进行站间距的规划，利用现网 G/T 站址资源进行站址的选取，同时需要确认有足够的机房空间。

目前，LTE 宏站采用 D 频段与 F 频段组网，频段越高，无线信号的绕射性能越差，覆盖范围越小，根据两频段特性结合不同场景覆盖要求，TD-LTE F/D 频段站间距规划原则不同。

站址选取的理论依据：①考虑建设成本，以与现网 GSM/TD 基站共址为基础；②考虑到宏站选址的可行性、工期等因素，加大拉远站建设力度；③利用规划软件进行仿真，仿真结果要达到规划指标要求，规划仿真要输出站址布局和主要工程参数，指导站址选择；④站址选择应尽量避免选取高站，以免对网络产生较大干扰；⑤站址选择应考虑业务密度分布，尽量将站址设置在业务密度高的区域；⑥当共址建设达不到规划要求时应新选站址，尽量保证基站建设符合蜂窝结构。

选取策略：①与 GSM/TD 基站共址时需满足站址布局的合理性要求，去掉结构不合理的站点。②尽量避免选取高站：由于高站对周边干扰较大，因此对天线挂高大于 50 米或高于周边平均高度 15 米以上的站点尽量不选取；站间距 300~400 米时，平均站高控制在 25 米左右；站间距 400~500 米时，平均站高控制在 30 米左右。③根据覆盖预测仿真结果以及 TD-SCDMA 路测数据，对覆盖弱区针对性增加基站。④根据现场实地勘察情况以及建设单位的相关意见。

LTE 站址应优先考虑利用现有站址资源，如果现网站址无法共站建设 LTE，应考虑在此位置利用邻近基站拉远的 RRU，或引入小基站进行覆盖，以免出现覆盖空洞或弱覆盖区域。

LTE 站址选择应以 LTE 拟覆盖区域内的 3G 现网站址 1：1 作为备选，并根据查勘的站址现状和网络仿真结果综合判断共站建设可行性，对于在现网运营和优化中发现的位置不合理或天线过高的基站可不进行共站建设，重新选择合理站址。LTE 基站分布应基本符合蜂窝结构，对于偏离合理位置的现网站址，应先结合无线环境评估共站可行性，原则上基站位置偏离不超过 1/3 覆盖半径；应尽量避免与现网高站进行共站址建设，原则上市区 LTE 天线高度不应超过 50 米。

三、天面规划

天面规划是根据天面资源情况，确定 2/8 天线的选取以及天线是否合路，并保证异系统隔离度。对于 TD-LTE，8 天线相比于 2 天线更能够充分发挥 TDD 的性能优势，发挥空间复用和干扰抑制的优势，进一步提升 TD-LTE 的小区吞吐量，同时 8 天线接收也会增强上行的业务速率。首先保证 TD-LTE 网络性能，考虑到 8 天线在容量和覆盖性能上有一定优势，可以减少站址需求，降低投资成本，建议在大部分基站采用 8 天线。但由于 8 天线工程建设难度较高，客观上存在 8 天线部分实施受限场景，可以视实际情况在 8 天线受限场景下使用 2 天线、8 天线共天馈方案或 8 天线小型化方案。

天馈建设。目前天馈建设方案有 TDS-TDL（或 DCS1800-TDL）合路天线和独立 TDL 天线两种，根据 FAD（合路）与 RFS（单路）天线的测试结果，RFS（单路）天线整体覆盖要略好于 FAD（合路）天线，中近距离覆盖两者覆盖性能接近，在远处的覆盖上 RFS 单路天线的覆盖能力要好于 FAD 合路（在相同倾角/方位角设置的条件下），但使用 FAD（合路）天线时，天馈优化调整相对困难。

建设策略：在能独立使用 TDL 天线的基站尽量使用独立 TDL 天线，在无法再增加抱杆的情况下使用 FAD 合路天线；在密集城区，覆盖距离要求在 300 米左右。在天面限制实在无法增加抱杆，且 TDS 与 TDL 覆盖区域基本能保持一致的情况下可以采用 TDS/TDL 共天线系统；共天线系统尽量使用 TDS 和 TDL 能独立电调下倾的合路天线，满足今后独立优化的需求。

四、无线规划

无线规划主要包括 PCI 规划、TA 规划、邻区规划、频率规划、系统子帧规划等，这里主要介绍 LTE 系统所特有的 PCI 规划和 TA 规划。

PCI 规划的理论依据。PCI 规划的目的是规避 PCI 冲突和 PCI 混淆。PCI 冲突是指在某一给定位置，手机可以同时接收两个不同小区发射的包含相同 PCI 信息的信号。一旦出现 PCI 冲突，UE 将可能无法接入这两个干扰小区中的任何一个，或者接入后受到极大的干扰。PCI 混淆是指一个指定小区，在已知或者未知的情况下，拥有两个使用相同 PCI 的邻区。由于 UE 使用 PCI 来识别小区和关联测量报告，因此 PCI 混淆将可能导致小区向错误的小区进行切换，从而导致大量的切换失败和掉话。PCI 冲突和 PCI 混淆指导建议：①物理小区标识规划应遵循以下原则：不冲突原则，保证同频相邻小区之间的 PCI 不同；不混淆原则，保证某个小区的同频邻小区 PCI 值不相等；相邻小区之间应尽量选择干扰最优的 PCI 值；最优化原则，保证同 PCI 的小区具有足够的复用距离，并在同频邻小区之间选择干扰最优的 PCI 值。②为避免出现未来网络扩容引起 PCI 冲突问题，应适当预留物理小区标识资源。

TA 规划的理论依据：跟踪区列表（TA List）是 EPC 新引入的概念，UE 同时注册到多个 TA 中，减少 IDLE 状态 UE 移动时未知更新数量，TA List 由 MME 分配。需要平衡与寻呼区域之间的关系。

规划策略：①跟踪区划分应利用移动用户的地理分布和行为进行区域划分，减少跟踪区边缘位置更新。可采用以下方法：跟踪区边界划分不宜以街道为界，不宜放在话务量较高的地方；跟踪区边界不宜与街道平行或垂直；在市区和城郊交界区域，宜将跟踪区的边界放在外围一线的基站处，而不宜放在话务密集的城郊接合部。②跟踪区划分应满足小区寻呼信道的容量要求并适当预留，跟踪区不宜跨越 MME 区域。③跟踪区边界可以参考 2G、3G 位置区的边界，并结合 TD-LTE 需求进行调整，提高跟踪区规划的效率和质量。④针对高速移动等跟踪区频繁变更的场景，可以通过 TA List 功能降低跟踪区更新的负荷。

第五节　科学优化无线网络策略

无线网络优化的工作是需要及时根据网络发展进行调整。比如初期的网络性能数据收集方式，还是以路测为主、以统计数据为辅。随着网络规模和用户的发展，统计数据的使用比例将不断增大，应重点对话统数据和 MR 的数据进行分析。

网络优化的基本工作内容在新基站入网开通后就开始实施，而 LTE

网络优化的延伸工作在规划建设阶段就应介入。无线网络优化一直在不断地动态发展，只有不断地对网络进行改进才能保证良好的网络运营质量，提高资源利用率，提高基站资源配置效率。

一、LTE 无线网络优化的特点

LTE 系统一般基于同频组网，采用硬切换机制且存在特有的模三干扰，其不可避免地成了一个典型的"邻区干扰系统"，因此 LTE 系统对于覆盖的控制要求更高，应在满足切换要求的基础上尽量减少重叠覆盖、规避过覆盖，这就对站址选择、天面的布局以及天馈参数的设置等提出了更高的要求，也就是说，LTE 对无线网络结构的优化提出了更高的要求。然而结构很大程度上是在网络规划建设阶段确定的，因此，除了工程优化阶段针对网络结构进行重点关注外，在建网前期工作中，网优部门的提前介入、做好方案的把关工作，这对于缓解后期优化的压力，极大地提高网络优化效率，也显得至关重要。

此外，由于技术本身的特点以及相关新技术的引入，LTE 在具体优化内容上会有一些新的关注点，主要包括：模 3 干扰优化是 LTE 独有的，该特点也决定了 LTE 对于干扰控制、多扇区设计、越区覆盖的优化等要求较高；LTE 引入 MIMO 后，除通常的覆盖和干扰指标外，MIMO 模式决定了用户能够达到的峰值吞吐率，需要特别关注。对于联通网优队伍来说，TD-LTE 的引入，也带来了与 TDD 相关的一些新的内容，如时隙配比、特殊时隙配置、智能天线优化以及 TDD-FDD 协同优化等；由于 LTE 是纯数据网络，语音基于 CSFB 机制来实现，因此 CSFB 的测试与优化需要重点考虑。

二、优化工作准备

优化工作的基本流程如图 8-1 所示。

路测路线的准备需要熟悉当地驾驶环境的司机的参与，以便制定出切实可行的路测路线；网络设计检查也就是参数检查主要是由熟悉网络

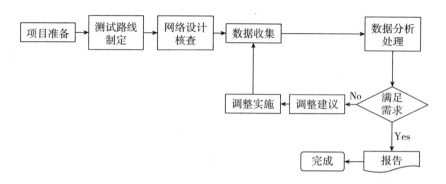

图 8-1 网络优化流程

设计与配置的工程师来完成，网络配置可在网管中提取；测量数据的收集主要依靠熟悉网络结构和测试工具的测试工程师来完成。同时，需要熟悉测试路线的司机配合；数据处理与分析由有经验的无线网络优化工程师来完成，根据分析结果提出网络调整建议，并负责与联通公司讨论，以期得到批准。

在项目开始前的项目准备阶段，做好项目组织计划、人员安排、责任人和双方的配合沟通渠道、网络的初步勘察、项目执行的要求、基础数据与工具准备等方面的准备工作。其中，基础数据与工具准备方面包括基站信息表、地图、路测软件、测试终端、测试车辆和电源。基站信息表包括基站名称、编号、MCC、MNC、TAC、经纬度、天线挂高、方位角、下倾角、发射功率、中心频点、系统带宽、PCI、ICIC、PRACH等信息；地图要求网络覆盖区域的 Mapinfo 电子地图；路测软件包括软件及相应的 Licence；测试终端要求和路测软件配套的测试终端；测试车辆可以根据网优工作的具体安排来准备，同时提供车载电源或者 UPS 电源。

测试路线的制定要根据测试内容的不同，测试路线的设计主要涉及以下两种测试场景：

单站性能测试针对单个站点，在小区覆盖范围内进行，如单站验证中的切换功能验证。此时，测试路线应遍历该小区周边可视的目标覆盖区域的主干道、次主干道、支路等道路，所选择的测试路线上应保证能触发同站 3 个小区之间的双向切换事件。区域性能测试针对整个网络，在已有 LTE 无线网络覆盖的全部区域内进行。路测时，测试路线应尽可能遍历测试区域内的主干道、次主干道、支路等道路，并遍历选定测试区域内所有小区；如无特别说明，以上两种路测场景，测试车应视实际道路交通条件以中等速度行驶，一般市区车速约为 40±20km/h，而机场高速按照高速路里侧快车道标准速度进行测试，车速约为 80±20km/h。

簇划分与优化区域确定在工程优化阶段，进行路测之前需要把整个优化区域划分成不同簇。合理的簇划分，能够提升优化的效率，方便路测并能充分考虑邻区的影响。在与相关各方沟通的基础上，一般划分需要考虑以下因素：

簇的数量应根据实际情况，10~20 个基站为一簇，不宜过多或过少。同一簇不应跨越测试（规划）覆盖业务不同的区域。可参考 2G/3G 已有网络工程维护用的簇划分。行政区域划分原则：当优化网络覆盖区域属于多个行政区域时，应按照不同行政区域划分簇。按蜂窝形状划分簇比长条状的簇更为常见。

地形因素影响：不同的地形地势对信号的传播会造成影响。山体会阻碍信号传播，是簇划分时的天然边界。河流会导致无线信号传播得更远，对簇划分的影响是多方面的：如果河流较窄，需要考虑河流两岸信号的相互影响，如果交通条件许可，应当将河流两岸的站点划在同一簇中；如果河流较宽，更关注河流上下游间的相互影响，并且这种情况下通常两岸交通不便，需要根据实际情况以河道为界划分簇。

路测工作量因素影响：在划分簇时，需要考虑每一簇中的路测可以在一天内完成，通常以一次路测大约历时 4 小时为宜。

系统配置参数优化开始前，分公司必须对优化区域的站点信息进行核查确认，包括网络结构、节点构成、系统版本、软硬件配置使用及重点参数的核查等。确认相关信息与规划设计是否一致，如不一致需要及时提交工程开通人员进行修改。确定网络优化主要测试指标根据工程优化阶段的不同，各项测试指标会有所侧重。表 8-1、表 8-2 列出了单基站优化和区域优化的测试项目和内容。

表 8-1　单基站优化的测试项目和内容

测试项目	测试内容	测试说明
覆盖测试	进行小区主要覆盖范围内的 DT 测试，采用 PING 业务	考察小区覆盖是否正常，输出 RSRP、SINR 等单站路测地理化 LOG 和相关 CDF 分布曲线
切换测试	同上	考察 eNodeB 站内、站间切换是否正常
天馈接反/接错测试	同上	通过考察各小区 PCI 覆盖区域与规划是否一致来检查是否存在小区天馈接反/接错情况
PING 时延	选择覆盖良好的点进行定点测试	覆盖良好点：被测小区内 RSRP > - 90dBm，SINR>20dB，记录 PING 时延和 PING 成功率
FTP 下载	同上	覆盖良好点：被测小区内 RSRP > - 90dBm，SINR>20dB，考察 FTP 下载速率
FTP 上传	同上	覆盖良好点：被测小区内 RSRP > - 90dBm，SINR>20dB，考察 FTP 上传速率

表 8-2　区域优化的测试项目和内容

测试项目	测试内容	测试说明
覆盖测试	考察网络覆盖指标，明确全网覆盖情况	输出 RSRP、SINR 等全网路测的 CDF 分布曲线
连接建立成功率与连接建立时延测试	连接建立成功率	连接建立成功率=成功完成连接建立次数÷终端发起分组数据连接建立请求总次数
	连接建立时延	连接建立时延 = 终端发出 RRC Connection Reconfiguration Complete 的时间至终端发出第一条 RACH Preamble 的时间
掉线率测试	掉线率	掉线率=掉线次数÷成功完成连接建立次数
切换成功率测试	切换成功率	切换成功率=切换成功次数÷切换尝试次数

测试项目	测试内容	测试说明
切换时延测试	切换时延	切换控制面时延：控制面切换时延从 RRC Connection Reconfiguration 到 UE 向目标小区发送 RRC Connection Reconfiguration Complete 切换用户面时延：下行从 UE 接收到原服务小区最后一个数据包到 UE 接收到目标小区第一个数据包时间；上行从原小区接收到最后一个数据包到从目标小区接收到的第一个数据包时间。最后一个数据包指 L3 最后一个序号的数据包
用户平均吞吐率测试	吞吐率	路测方式测试单个用户的上下行平均吞吐率
重叠覆盖率	重叠覆盖比例	重叠覆盖率=重叠覆盖度≥3 的采样点÷总采样点×100% 其中，重叠覆盖度：路测中与最强小区 RSRP 的差值大于−6dB 的邻区数量，同时最强小区 RSRP≥−100dBm

三、优化措施内容

网络优化应从设备安装开始，到初验后 6 个月，直至满足终验验收指标要求为止。各个优化阶段的主要工作内容如表 8-3 所示：

表 8-3　阶段网络优化的主要工作内容

优化阶段	优化对象	优化内容	优化时间
单站优化	单个站点	宏站单站功能检查	与基站开通同步进行
		宏站测试数据分析	基站开通后发现问题后即进行
		宏站优化调整	基站开通后数日内
		室分信源功能测试系统参数优化	分布系统和信源已经连接，且所有分布系统施工及调测完毕

续表

优化阶段	优化对象	优化内容	优化时间
分簇优化	簇1~簇n	簇优化方案	单簇优化前数周提交簇优化方案
		RF优化	簇内基站基本建设完成时即开始优化
		指标优化	
分区优化	区域1~区域n	区域优化方案	区域优化前数周提交区域优化方案
		指标优化	连片簇优化完成后即开始分区优化
不同厂家交界优化	双方交界区域	边界优化方案	在双方交界基站基本建设完成前数周
		RF优化	在双方交界处站点成片开通后
		指标优化	
全网优化	整网	全网优化方案	区域优化大部分完成之后

1. 站点核查要求

宏站核查。宏站检查主要包括对基站硬件配置及软件数据参数进行检查，重点在于基站天馈系统的核查，进行宏站核查时主要包括以下几方面：

基站工程参数核查。基站工程参数核查是工程优化的前提条件，通过基站工程参数核查确认站点周边无线环境良好，站型符合覆盖要求，站点天馈线损耗合理等。主要核查内容如表8-4所示，包括基站详细地址、基站建设类型、经纬度、馈线类型、馈线长度等。

表8-4 基站工程参数核查明细

类别	核查项	说明
基站工程参数核查	基站位置	确认站点经纬度，确认站点周边无线环境良好，无明显遮挡
	基站类型	确认站点类型，如宏站/拉远站
	馈线型号	确认站点所使用天馈线类型，如馈线粗细、型号等
	馈线长度	确认站点馈线长度（主要针对宏站，拉远站使用光纤+跳线方案，跳线一般不超过10m）

类别	核查项	说明
基站工程参数核查	线缆连接	接头应注意连接正确并确保连接紧密，避免因接头连接错误或接触不良而导致信号传输问题
	线缆布放	电缆、光缆、信号线应布放整齐、规范。遵守"三线"分离原则；电缆走线架缆线较多的情况下，"三线"不能分离时，采取两层走线架的方式进行分离；交流缆线与其他缆线同走线架时，必须采取金属槽道进行隔离

基站天馈参数核查。基站天馈参数核查与优化是工程优化的核心，贯穿于整个网络优化之中。主要内容包括天线型号参数、天线厂家、天线安装方式与抱杆位置、天线高度、天线方位角、电子下倾角、机械下倾角、与其他制式天线隔离度、天馈线是否接错等核查。

基站天馈工程核查流程如图8-2所示：

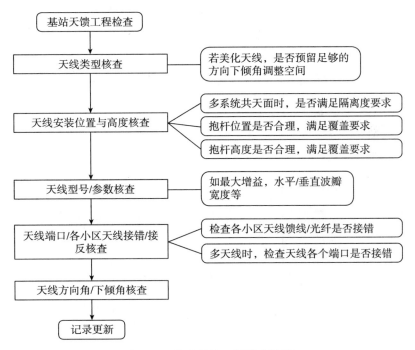

图8-2　基站天馈工程核查流程

天线类型检查，核查天线建设方式，按照建设类型可以分为共天线建设与单独新增大线建设方式两种，尽量避免共天线的建设方式，因为共天线方式不同系统之间的天线无法独立调整，网络优化时需要在不同系统之间的性能上进行取舍。按照天线类型可以分为普通天线与美化天线两种，尽量避免使用美化天线，若不得不使用如美化罩、美化桶等建设形式，需要注意留出足够的调整空间，方向角调整幅度为±60°，下倾角保证0~10°的可调范围，安装时切忌固定死美化外罩。

天线安装位置与高度核查，对于在大型建筑（>20m×20m）楼顶的天线，切忌三个小区的天线在楼面中心集中放置，需要单独把每个小区的天线移到楼面边缘，从而达到良好的覆盖；抱杆应选择靠楼边女儿墙安装；不同小区的天线应安装在不同的楼边上；天线附近65°水平波瓣方向上不应存在阻挡物，如广告牌、其他天线等；天线主波瓣方向100m内不应存在高于基站的高大阻挡物；注：对于早期建设的F频段TD-SCDMA基站（可能不符合工业和信息化部2012年12月发布的《1800和1900兆赫兹频段国际移动通信系统基站射频技术指标和台站设置的要求》），建站时应尽量拉大与其距离。同向安装时，垂直隔离距离最好能够达到3.8m。天线附近垂直方向上不应存在阻挡物，如天线距离楼边较远，注意天面自身阻挡产生的站下近区弱覆盖；天线具体的安装标准如图8-3和表8-5所示：

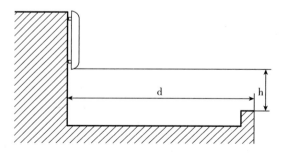

图8-3　天线具体的安装标准

表 8-5　天线安装标准数据

d 的范围	h 的范围	备注
0~2m	>0.5m	为了网络性能，建议 h 最少 2m
2~10m	>1m	为了网络性能，建议 h 最少 2m
>10m	>2m	天线尽量下移至下层天面边缘

天线型号/参数核查，需要记录天线型号与参数信息，在后期优化时可充分了解与应用相应的参数，主要包括天线型号/厂家、天线增益、水平/垂直波瓣角、机械下倾角可调区间、电子下倾角可调区间等相关参数。

天线端口/各小区天线接错/接反核查，需要核查同站各小区天线馈线/光纤是否接错，主要在单站验证时通过路测检查小区 PCI 的方式进行检查。若使用多天线，需要在工程施工时核查多天线各端口是否连接正确，否则会严重影响多天线的网络性能（如波束赋形等）。

天线方向角/下倾角核查要进行以下五个方面的检查：天线初始方向角核查、天线初始下倾角核查、GPS 天线检查、无线参数检查和告警检查。

第一，天线初始方向角核查。充分参考 2G/3G 同站小区的方向角，因为 2G/3G 小区已经经过长期优化，可能已经是对现场环境、道路覆盖和话务分布的综合分析结果；重点保证道路覆盖，但避免主瓣沿街道和河流方向形成管道效应，造成过覆盖；同站小区之间的天线夹角尽量不小于 90°，对于特殊场景如铁路覆盖，同站小区之间的天线夹角尽量不大于 150°。

第二，天线初始下倾角核查。优先使用电子下倾角，以免大的机械下倾角导致波瓣变形。初始设计的下倾角与站高的关系如表 8-6 所示（各地应结合实际情况进行调整）。

表 8-6　无线基站下倾角与站高关系参考数据

覆盖场景	站高	下倾角（MT+ET）
密集城区	<25m	6°
	>25m 且 ≤35m	10°
	>35m	12°
一般城区	<25m	4°
	>25m 且 ≤35m	8°
	>35m	10°
郊区	<25m	2°
	>25m 且 ≤35m	4°
	>35m	6°

第三，GPS 天线检查（TDLTE）。GPS 天线应通过螺纹紧固安装在配套支杆（GPS 天线厂家提供）上；支杆可通过紧固件固定在走线架或者附墙安装，如无安装条件则须另立小抱杆供支杆紧固。GPS 天线必须垂直安装，垂直度各向偏差不得超过 1°。GPS 天线必须安装在较空旷位置，上方 90° 范围内（至少南向 45°）应无建筑物遮挡，如图 8-4 所示。

GPS 天线安装位置应高于其附近金属物，与附近金属物水平距离大于等于 1.5m。两个或多个 GPS 天线安装时要保持 2m 以上的间距。铁塔基站建议将 GPS 接收天线安装在机房建筑物屋顶上。在防雷接地方面，GPS 天线安装在避雷针 45° 保护角内，GPS 天线的安装支架及抱杆须良好接地。

第四，无线参数检查。无线网络参数检查主要包括如载频配置、时隙配置（TD-LTE 特有）、PCI 配置、邻区关系等系统配置参数的一致性检查。

第五，告警检查。检查和监控站点的告警信息，如驻波比告警、功率告警、GPS 告警以及其他影响业务的告警等，一旦出现告警，需要及时解决。

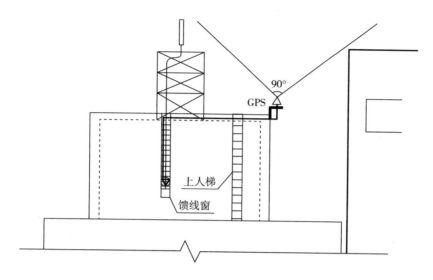

图 8-4 GPS 天线安装示意图

2. 单站优化

在每个站点安装、上电并开通后，在新站开通后当天或当晚及时对新站开通区域进行路面 DT 和必要的室内 CQT 测试，及时纠正数据库错误，如邻小区错误、重要参数错误等，及时解决新增基站硬件故障，保证割接区域的网络安全与稳定。

宏站单站优化。单站优化是网络优化的基础性工作，其目的是保证站点各个小区的基本功能（接入、Ping、FTP 上传下载业务等）和信号覆盖正常，单站优化大多采用 DT/CQT 的方式，应重点关注以下几个方面：FTP 上传/下载吞吐率、Ping 时延、小区间切换、覆盖情况及是否存在天馈接反。

单站优化前期首先应该确定测试内容、方法及交付件；工具准备需要确定配置有足够带宽的稳定 FTP 服务器、路测软件和路测终端。人员技能准备：在开始测试前，要确认已掌握正确的测试方法。由于站点数量较多，管理上容易混乱，因此需要制定一个针对单站验证的计划，以及进展跟踪表，由专人负责跟踪维护。其次应该确认测试条件，在进行单站验证之前，需要确认是否已具备测试条件，重点包括工程是否已经完成站点开通和基本业务测试、站点无影响性能的告警、小区处于激活状态，状态正常和系统参数配置与规划一致，尤其是频段、频点、小区带宽、时隙配比等；单站验证时发现的问题，需要及时进行处理，并在处理完之后重新验证，确保问题已解决。在实际项目中最常遇到的问题有：传输问题、天馈接反、服务器问题等。天馈接反是测试中经常遇到的问题，针对这种情况，应及时通报进行整改，并推动制定措施，规避后续其他站点出现类似问题。单站验证测试后应在期限内提交单站验证报告、测试的 Log 文件，作为簇优化准备的必要条件。

3. 分簇优化

单站验证完成之后，需要按簇对网络性能进行优化。在 LTE 项目中，可按簇进行优化和验收。一个簇一般 10~20 个站左右，建议当本簇中 90% 的站点通过单站验证后即可启动，剩余的 10% 站点在开通后进行单站验证即可。首个簇为金牌簇，在金牌簇的优化时，需要重点投入，同时借助金牌簇的优化积累经验，为后续簇优化的批量复制提供基础。有些时候，在金牌簇优化开始前，可能还尚未明确验收要求，需要参考金牌簇的测试结果来确定 KPI 要求、交付件模板等。分簇优化的主要工作包括以下五个方面：

第一，制定簇优化的目标。簇优化聚焦于网络的覆盖、接入性、保持性（掉话率）、移动性（切换成功率）、吞吐率等指标，因此需提前制定好簇的关注指标及各指标的目标值。

第二，网络核查。簇优化需要通过路测进行数据采集，成本较高，因此在簇优化前，需要确保网络处于正常状态，已经具备测试条件（这点与 2G/3G 网络是一致的）。重点需要核查的参数包括以下十个方面：

（1）网络基本信息，如频点、带宽等。

（2）规划的参数，如 PLMN、eNodeB ID、CELL ID、PCI、PRACH 根序列、TAC、TAL、Rs、PA、PB 等。

（3）PCI 冲突核查。

（4）天线权值（TDD）。

（5）相关的需要开启的特性。

（6）其他针对性优化的参数。

（7）邻区核查，指的是网络中实际配置的邻区与规划结果一致性的核查。

（8）设备健康检查。重点确认网络中不存在影响网络性能的告警（对 TDD 来说，尤其要关注 GPS 相关告警）。

（9）射频通道检查。排查基站的射频通道质量（如 VSWR、RSSI 等），提前排除对网络覆盖和性能的负面影响。整个射频通道核查动作可包括四个核查内容：上行通道核查，上行天馈核查，下行通道核查，下行天馈核查。

（10）工程质量抽查。工程质量是无线项目交付过程中一个非常关键的部分，工程质量差必然导致网络性能差，前期控制不好必然导致后期交付时困难重重，往往不得不花费更多的时间进行返工。通过在单站验证中的天馈接反排查、网络核查中的射频通道检查，部分工程质量问题能够得到发现，但同时还有部分问题无法通过远程发现，需要上站进行检查。建议对工程质量进行抽查，根据抽查结果采取措施，进行整改、规避。

第三，簇测试。在各方面工作准备完成后，则按计划进行簇测试。在簇测试中有以下注意事项：一是路测过程中，后方人员（设备侧工程师以及网优工程师）务必保证网络设备的稳定工作，禁止有任何网络操作（包括但不限于网络参数修改、闭塞/解闭小区、远端 RET 调整、邻区修改等）；二是路测过程中，可以根据实际情况开启后台的信令跟踪，有助于优化时异常事件的分析；三是路测过程中，测试队伍需要密切关注终端的接入/掉话行为以及吞吐量的趋势，若遇到明显异常行为应及时向后方人员通报，并定位处理。

第四，数据分析及问题处理。优化的手段包括：参数优化、邻区优化、天馈优化、工程质量问题处理、产品问题处理等。数据分析及问题处理的内容包括覆盖优化、吞吐率优化、掉话优化、接入失败优化、切换优化、时延优化等，通过分析，给出优化建议。

第五，调整以及验证。在数据分析及问题处理阶段给出了优化建议（如天馈调整、邻区调整、PCI 调整、切换门限或者迟滞调整等）并执行调整。调整时需要注意做好记录。调整实施后，应该马上安排路测队伍前往调整区域进行路测以验证调整效果。

4. 分区优化

当连续的簇都基本开通并完成了分簇优化，就需要对这一连续区域进行区域路测优化。片区优化区域的划分应综合各地的实际情况，结合基站地理位置、基站建设进度、测试路线选择以及测试耗时估计等进行划分。分区优化在分簇优化的基础上更加注重簇与簇之间边界地区的覆盖、干扰、切换等问题。在全区范围内进行频点和 PCI 的优化，重点针对簇边界进行路测和优化，必要时需要对某些小区的频点和 PCI 进行修改，或调整天线配置，从而保证在簇的边界处也具有良好的网络性能。分区优化前，需要进行分区网络性能的评估，通过网络覆盖数据采集、OMC 数据采集等数据源，制定优化方案及优化计划。

分区优化的工作内容。簇之间配合优化；分析采集到的数据，找出网络问题，提出优化方案并实施；小区配置参数优化调整；对分区覆盖进行优化；对分片区移动性进行优化；对片区网络性能进行优化；区优化后，需对网络质量进行评估，输出片区网络质量评估报告、片区优化报告，具体包括如下内容：片区优化完成后数据采集；优化前后测试数据对比；片区优化完成后质量评估报告；片区优化报告。同 LTE 厂家交界优化，LTE 由于没有 RNC，因此厂家间的配合问题相对 3G 简单了很多，但 X2 切换在不同厂家间仍不可避免会出现较多不可预料的问题，在完成簇优化后，应在存在多厂家共同组网的城市再进行多轮厂家交界优化，重点关注厂家交界的基站之间切换、吞吐率、时延情况。不同 LTE 厂家交界优化主要检查异厂家网络边界的相关性能指标，通过测试验证发现可能存在的互操作功能、数据、参数等问题,通过协同RF优化、参数调整、数据完善等手段,实现边界区域性能指标的提升。

各本地网分公司负责交界处不同厂家之间的协调。对于存在不同厂家交界的区域需要进行跨厂家优化。双方交界基站基本建设完成前双方需要交互数据,提前做好PCI、邻区等规划。涉及不同厂家交界区域,两个厂家均需要进行DT测试,测试区域为以边界基站为中心,向各自区域延伸3~5倍站距(该区域平均站距)。测试过程中如果出现异厂家互操作异常等问题,需要由两个无线设备厂家及核心网厂家的工程师组成一个联合网优小组对边界进行覆盖和业务优化,需要各方配合一起来分析定位问题。

不同厂家交界区应重点关注的优化内容包括:边界的越区覆盖控制,在解决过覆盖小区问题时需要警惕是否会产生覆盖空洞;边界的邻区优化,添加必要的邻区、删除错误或者冗余的邻区;边界的PCI复用问题,包含PCI冲突、混淆以及干扰;边界的PRACH规划和碰撞问题;边界的切换问题,通过切换参数的调整,优化切换过早、过晚、乒乓切换等问题;进行边界帧配比核查,如帧配比不同,需要调整相同,以避免上行帧干扰。

5. 全网优化

网络评估。在全网优化前,需要对全网的网络质量进行评估,通过所有片区网络优化后网络质量评估报告、所有片区网络优化报告及网络监控指标,分析全网的网络现状,明确全网优化目标,确定全网优化计划。考虑LTE网络需求,应采用尽可能少而又可综合反映网络性能的指标体系,这样可以更快地掌握网络性能。针对LTE网络建网初期的特点,应对以下网络评估指标进行监测,如表8-7所示。

表 8-7　性能监测指标

测试方法	种类	KPI	统计方法
路测	覆盖率	RSRP	统计连片区域的 RSRP 平均值
		SINR	统计连片区域的 RS-SINR 平均值
	吞吐率	下行吞吐量	统计连片区域的下行吞吐量均值
		上行吞吐量	统计连片区域的上行吞吐量均值
	接入性	连接建立成功率	连接建立成功率=成功完成连接建立次数÷终端发起分组数据连接建立请求总次数
	保持性	掉线率	总计在连接建立成功的情况下掉线的比例
	移动性	切换成功率	切换成功率=切换成功次数÷切换尝试次数

网络评估方法。选择测试路线，车速为 30km/h 左右，最大不超过 80km/h；打开路测软件，开始日志文件记录；启动各项测试功能，对于长呼业务，持续业务保持至完成对整条路线的测试，当发生掉话时，应重新建立业务，直至完成对整条路线的测试，对于短呼业务，应在测试软件内设定自动循环，并设定两次业务发起间的等待时长，直至完成整条路线的测试。在测试过程中应确保测试软件与各设备的稳定连接，各测试设备工作正常，各类信息收集正常。

覆盖类的测量：使用扫频设备/测试终端对 RSRP 和 SINR 进行测量，在测试过程中扫频设备/测试终端均处于工作状态。

接入类的测量：接入类，采用短呼叫的形式，在接入后保持 60s，之后主动 RRC Release，等待 20s 后再次建立业务。测试软件自动控制测试设备进行 Attach Request，在成功接入后，进行文件上传或下载，在传送时间到达后主动 RRC Release，等待一定时间后重复进行激活。按照以上步骤进行不少于 100 次的测试，在测试结束后统计接入成功率与掉话率。

保持类的测量：保持类的测量与接入类的测试结合在一起，在测试结束后统计掉话次数。

移动性的测量：移动性的测量既可以与接入和保持类测量结合进

行，测试之后计算切换成功率，也可使用长呼的形式进行测量，测试之后计算切换成功率和小区更新成功率，保证切换次数不少于 100 次。

网络优化调整。网络调整和优化是全网优化阶段的一项重要工作内容。全网优化是一套科学全面的工作方法和工作流程，通过对网络的无线性能进行深入的检查，诊断出网络存在的主要问题和瓶颈所在，对症下药，从而提高网络的性能指标，改善用户的网络体验。

通过对 OMC 统计数据、DT/CQT 测试数据等数据源进行分析，并与验收指标进行对比后找出不满足要求的项目，进行具体问题分析，包括覆盖问题、接入问题、保持性问题、移动性问题、完整性问题等，针对问题提出解决方案。

工作内容包括：片区间配合优化及室内外协同优化；分析采集到的数据；找出网络问题，提出优化方案并实施；全网邻小区配置参数采集及优化调整；系统参数优化和业务参数优化几个方面，全网优化完成后，需要进行全网网络质量的评估，输出全网网络质量评估报告、全网网络优化报告。全网优化完成后质量评估数据采集、优化前后网络性能指标对比、全网网络优化后质量评估报告和全网网络优化报告。

无线基站网络优化的方法有：

第一，天线下倾角调整，主要应用于越区覆盖、弱覆盖、重叠覆盖、过载等场景。

第二，天线方向角调整，越区覆盖、弱覆盖、重叠覆盖、覆盖盲区、过载等。以上两种方式在 RF 优化过程中是首选的调整方式，调整效果比较明显。天线下倾角和方向角的调整幅度要视问题的严重程度和周边环境而定。但是有些场景实施难度较大，在没有电子下倾的情况下，需要上塔调整，人工成本较高；某些与 2G/3G 共天馈的场景需要考虑 2G/3G 性能，一般不易实施。

第三，进行导频功率调整，主要针对越区覆盖、重叠覆盖、过载等场景，调整导频功率易于操作，对其他制式的影响也比较小，但是增益不是很明显，对于问题严重的区域改善较小。

第四，天线高度调整，主要针对越区覆盖、弱覆盖、重叠覆盖、覆盖盲区（在调整天线下倾角和方位角效果不理想的情况下选用）。

第五，天线位置调整，主要针对越区覆盖、弱覆盖、重叠、覆盖盲区（在调整天线下倾角和方位角效果不理想的情况下选用），以上两种调整方式较前边两种调整方式工作量较大，受天面的影响也比较大，一般在下倾角、方位角、功率都不明显的情况下使用。

第六，天线类型调整主要针对重叠覆盖、弱覆盖等。天线老化导致天线工作性能不稳定和天线无电下倾可调，但是机械下倾很大、天线波形已经畸变两种情况应该进行天线的更换。

第七，增加塔放主要针对远距离覆盖，更改站点类型，如支持20W功放的站点变成支持40W功放的站点等。

第八，站点位置调整主要针对重叠覆盖、弱覆盖、覆盖不足。主覆盖方向有建筑物阻挡，使得基站不能覆盖规划的区域应该考虑搬迁基站；基站距离主覆盖区域较远，在主覆盖区域内信号弱建议搬迁基站。

无线网络基站资源配置效率的提高可以通过减少投入实现，而电信实际运营中，在一定阶段时期内，总体可用于网络建设维护的成本是相对固定的，考虑区域发展经济、人口等多重影响因素将资源合理地配置到各个分公司运营单元，各个分公司进一步有效提高基站网络资源效率的方法和渠道就是提高产出，提高业务收入，而提高业务收入的主要渠道就是加大业务发展，建议采用以下几种方法：一是加大流量和增值业务的营销，现阶段移动手机覆盖率相对较高，人们对于语音业务的需求逐渐降低，对数据业务的需求逐渐增加，各个运营商谁能有效进行数据业务的发展和发掘，将会更大程度地提高网络资源效率。二是做好电信运营商渠道管理工作，包括渠道的建设和服务支撑，渠道又分为自有渠道和社会渠道，通过做好这两种渠道的建设和服务支撑，提高电信企业的业务发展能力，提高企业的单站产出，提高资源配置效率。三是通过营销队伍能力的培训提高无线移动业务的营销能力，实现在不增加投入的情况下增加产出。四是做好企业业务和品牌的宣传，来提高业务的销售量，提高企业的竞争力，扩大用户规模从而提高无线移动业务的收入。

本章小结

本章首先阐述总结了基站资源配置的目标和指标要求，其次就空间和时间维度提出基站资源配置的思路和策略建议，最后根据无线网络基站资源配置的影响因素研究提出提高配置效率的策略建议。

结论与展望

第一节　研究结论

　　本书在分析国内外相关研究成果的基础上，以无线网络基站资源配置规划基础理论、规模经济理论、资源配置理论等为理论支撑，运用 Delphi 专家咨询法定性分析基站资源配置规模的影响因素，利用结构方程模型进行了影响因素的定量分析；创新使用 DEA 方法的 RWSBM 模型研究基站资源配置综合效率，并构建 Tobit 模型研究基站配置综合效率的影响因素，运用全局参比 Malmquist 模型进行基站配置全要素生产效率的分析研究，并利用空间误差模型研究基站全要素生产效率的影响因素，实证研究山东基站资源配置效率时空演化特征和影响因素分析，提出该省无线网络规划基站资源配置改进的目标、思路与对策，以期为山东省乃至全国的无线网络基站资源配置提供理论指导和资源分配决策参考。本书的主要研究结论如下：

　　（1）基于山东电信业 17 个地市分公司 2006~2015 年基站投入产出面板数据，采用 RWSBM 模型分析基站配置综合效率时空演化特征，应用 Tobit 模型分析基站配置综合效率的影响因素。研究发现：从时间序列演化特征来看，2006~2015 年山东电信业综合效率平均值为 0.797，总体资产配置效率偏低，呈现逐年上升趋势；从规模视角来看，基站资产配置综合效率平均值，大规模 A 类地市分公司综合效率最好，中等规模 B 类地市分公司综合效率其次，小规模 C 类地市分公司最低，不同地市公司基站资源配置综合效率差别较大，资源配置均衡性较差，在基站资源不足的情况下，应当进行基站资源配置聚焦，聚焦 A 类公司，聚焦区域，聚焦楼宇实现基站最大效能；从空间演化特征来看，各地市基站配置效率局部莫兰指数多位于高—低、低—高象限，即高值被低值包围，低值被高值包围，表现出空间离散，基站综合效率空间格局呈现波动演化特征。基站配置综合效率受区域经济、产业结构和网络质量等因素的影响，其中区域经济和网络质量对基站配置效率影响显著为正，竞争环境与基站综合效率显著负相关，产业结构和区域教育水平对基站综合效率影响不显著。

（2）采用全局参比 Malmquist 指数模型，基于山东电信业 17 个地市分公司 2006~2015 年基站投入产出面板数据，分析电信业基站全要素生产效率的时空演化特征，利用空间误差模型分析基站配置全要素生产效率的影响因素。研究发现：山东电信业基站全要素生产效率时序动态演进情况总体呈现逐年上升趋势，技术效率的提高贡献较大，2014~2015 年生产率出现负增长；从规模视角来看，A 类规模地市全要素生产效率增长幅度最大，中等规模 B 类地市分公司其次，C 类小规模分公司平均增长幅度最小；从空间演化特征来看，各地市基站全要素生产率局部莫兰指数，多数地市位于高—高、低—低象限，即高值区域被高值区域包围，低值区域包围低值区域，全要素生产效率整体倾向于遵循相对明确的空间分布模式，有相当数量地市全要素生产率在空间上是集聚的。电信业基站全要素生产效率受区域经济、产业结构和网络质量等因素的影响，其中区域经济和竞争环境对基站全要素生产效率影响显著且呈正相关，网络质量和教育水平对基站全要素生产效率影响在 5% 水平上显著呈正相关，产业结构对基站全要素生产效率影响不显著。全要素生产效率的提高受技术进步变化和技术效率变化指数的影响，无线网络基站全要素生产效率的提高更多地受技术效率变化的影响，电信运营商的生产率提高不能只依靠新技术的投入和运营，基站配置效率提高应该通过提高技术水平和管理水平，提高技术效率实现网络全要素生产率的提高，杜绝盲目扩张规模。

（3）采用定性和定量相结合的方法，针对山东 120 个县级分公司 2013～2014 年面板数据，构建基站规模影响因素结构方程模型，分析影响基站配置规模的因素。研究发现：影响区域基站配置规模的最主要因素是人口和经济因素，人口数量直接决定市场需求。影响较大的分别是企业经营绩效因素和网络质量因素，经营绩效因素与网络配置规模呈正相关关系，经营绩效因素的两个重要指标是技术人员能力和销售人员能力，网络质量因素与基站配置规模呈负相关关系，所以为了降低基站配置规模，减少建设和维护成本投入的一个重要措施就是进行合理的网络优化，不断改善网络质量。对基站配置规模影响较小的是自然因素，区域的地形、地貌对基站配置规模影响也不大。资源管理部门应考虑各个影响因素的不同影响，合理地进行不同区域基站资源规模数量的分配，对投入冗余大的地市公司在后续基站资源分配时适当减少，督促产出不足的区域公司加大业务发展、提高内部管理和不断提高网络质量从而提高基站资源配置效率，政策监管部门应当建立适度竞争的政策环境，保障无线网络基站资源健康持续地运营发展。

第二节　研究局限与展望

本书通过历年统计数据研究了山东联通各个地市分公司基站资源配置效率，采用 DEA 数据包络分析方法，对采集数据进行分析研究，取得了些许的研究成果；另外，通过采集各个地市区域的地形地貌、经济指标和社会指标等相关数据，利用结构方程模型研究诸多因素对无线网络基站规模的影响程度。虽然本书在以上两个方面取得了些许成绩，但还有很多未完善和有待继续研究之处：

第一，在无线基站资源配置效率方面的研究中，无线网络的投入产出数据在公司实际运营中存在和其他业务投入产出交叉的情况，本书根据经验进行了投入产出量划分，采集数据存在一定的局限性。

第二，在无线网络基站资源配置规模影响因素的研究中，本书选择了结构方程模型分析，考虑了自然因素、社会人口因素、经济因素和竞争因素等六个方面，对于竞争因素只考虑了占有率竞争因素，没有涉及较为复杂的竞争因素考虑。除此之外，基站资源配置规模还可能受更多不确定因素的影响，在以后无线网络基站资源配置规模的研究中应考虑采用更多的影响因素进行研究。

参考文献

［1］安玉兴. 电信网络接入与竞争［D］. 沈阳：辽宁大学，2008.

［2］陈佳易. 中国电信产业效率研究［D］. 济南：山东大学，2012.

［3］陈亮，龚俭，徐选. 应用层协议识别算法综述［J］. 计算机科学，2007，34（7）：73-75.

［4］陈信元，靳庆鲁，肖土盛，张国昌. 行业竞争、管理层投资决策与公司增长/清算期权价值［J］. 经济学（季刊），2014（1）：35-39.

［5］成刚. 数据包络分析与 MAXDEA 软件（第 1 版）［M］. 北京：知识产权出版社，2014.

［6］程鸿雁. 移动通信基站电磁辐射的测量方法［J］. 电信技术，2013（7）：24-26.

［7］程香，张立武. 关于媒介大融合时代新闻出版业规模化经营的经济学思考［J］. 出版广角，2015（8）：85-88.

［8］程钰，徐成龙，任建兰. 中国环境规制效率时空演化及其影响因素分析［J］. 华东经济管理，2015（9）：74-84.

［9］初佳颖. 政府规制下电信产业的技术效率分析［J］. 经济纵横，2006（4）：34-35.

［10］崔立新. 运用规模经济理论进行国防采办市场竞争性分析［A］//中国工程科技论坛第 123 场——2011 国防科技工业科学发展论坛论文集［C］. 2011.

［11］丁海煜. 中国移动 WCDMA 无线网络规划若干问题研究［D］.

北京：北京邮电大学，2006.

　　[12] 董四平，方鹏骞. 医院规模经济研究述评 [J]. 中国卫生经济，2009 (9)：24-27.

　　[13] 董四平. 县级综合医院规模经济效率及其影响因素研究[D]. 武汉：华中科技大学，2010.

　　[14] 杜新明. 战略导向的全面预算管理在电信行业的应用研究[D]. 北京：首都经济贸易大学，2012.

　　[15] 范英. 数据包络分析及其应用 [D]. 南京：南京农业大学，2009.

　　[16] 方叶林，黄震方，李东，王芳. 中国省域旅游业发展效率测度及其时空演化 [J]. 经济地理，2015 (8)：189-195.

　　[17] 冯穗. 触摸电磁波 [J]. 科技致富向导，2013 (7)：57.

　　[18] 高锡荣. 中国电信市场的结构演变、产品创新与效率评价[D]. 重庆：重庆大学，2007.

　　[19] 顾宇. 顺市而为，全面提升中国电信的综合竞争力 [J]. 信息网络，2004 (9)：1-5.

　　[20] 郭宁. 努力实现企业思想政治工作"内在经济"化 [J]. 党史文苑，2005 (9)：16-17.

　　[21] 韩文琰，唐任伍. 基于 DEA 的我国电信行业 X 效率实证研究[J]. 徐州工程学院学报（社会科学版），2010 (3)：9-11.

　　[22] 郝海. 决策单元效率与规模收益的进一步探讨 [D]. 天津：天津大学，2003.

　　[23] 郝玲. 中国电信市场网络效应测度 [D]. 西安：西安交通大学，2006.

　　[24] 何仲. 我国电信产业与国民经济协调发展及可持续性研究[D]. 北京：北京邮电大学，2013.

　　[25] 贺凡. 我国电信市场实现有效竞争过程中政府作用分析[D]. 南京：南京邮电大学，2011.

［26］胡东，蒲勇健. 中国商业银行效率实证研究与影响因素分析 ［J］. 工业工程，2001（5）：53-57.

［27］胡绘斌，姜永金，傅文斌. 不规则地形上电波传播衰减特性 预测研究 ［J］. 空军雷达学院学报，2008（12）：39-46.

［28］胡晓丹. 我国民营企业扩张问题研究 ［D］. 沈阳：东北大 学，2009.

［29］季玉峰. 论军队医院规模与效益 ［J］. 解放军医院管理杂志， 2007（2）：159-160.

［30］简松涛. 中国联通移动网络现状分析及建设优化建议 ［J］. 中国新通信，2014（13）：31.

［31］姜彩楼，徐康宁，朱琴. 中国高新区绩效的时空演化及贸易 溢出效应研究 ［J］. 经济地理，2012（2）：14-19.

［32］姜旭朝，纪盛. 中国电信行业的技术进步与生产率变动—— 基于 DEA-Malmquist 指数法的分析 ［J］. 中国海洋大学学报（社会科学 版），2011（3）：34-39.

［33］金小芳，余剑梅，丁涛. 规模经济战略思维初步探析 ［J］. 劳动保障世界（理论版），2011（1）：26-28.

［34］经济因素简述 ［EB/OL］. 财安网，http：//www. caian. net/ cjyw/zhxw/30992. html，2013-02-25.

［35］克里斯特安尼等. 支持向量机导论 ［M］. 李国正，王猛，曾 华军译. 北京：电子工业出版社，2004.

［36］李东. 基于 DEA 方法的电信企业运营效率研究 ［J］. 科技信 息，2010（35）：838-840.

［37］李建建，沈能. 低碳经济背景下的福建省能源效率时空演化 研究 ［J］. 福建论坛，2011（1）：56-60.

［38］李涛，曹小曙，杨文越，黄晓燕. 中国区域综合运输效率的 测度及其时空演化 ［J］. 地理科学，2015（2）：169-175.

［39］李献刚. 基于 RS-DEA 的我国寿险公司经营效率评价研究

[D]. 济南：山东财经大学，2012.

[40] 李享. 基于 DEA 模型的电信企业投资效果评估研究 [J]. 北京邮电大学学报（社会科学版），2010（4）：54-59.

[41] 李研，徐静珍. 从产品价格看移动通信运营市场的有效竞争 [J]. 全国商情·经济理论研究，2006（9）：29-33.

[42] 李再扬，杨少华. 中国电信业生产率变动及其分解——基于 DEA-Malmquist 指数法的分析 [J]. 经济学家，2010（10）：29-37.

[43] 李再扬，杨少华. 中国省级电信业技术效率：区域差异及影响因素 [J]. 中国工业经济，2010（8）：131-141.

[44] 厉以宁. 市场经济大辞典（第 1 版）[M]. 北京：新华出版社，1993.

[45] 凌茹. 湖南省县医院适宜规模研究 [D]. 长沙：中南大学，2013.

[46] 刘峰. 移动通信基站设备信息管理系统的分析与设计 [D]. 长春：吉林大学，2015.

[47] 刘佳，陆菊，刘宁. 基于 DEA-Malmquist 模型的中国沿海地区旅游产业效率时空演化、影响因素与形成机理 [J]. 资源科学，2015（12）：2382-2392.

[48] 刘军，武鹏，刘玉海. 中国电信产业产出效率分析 [J]. 统计与信息论坛，2010（5）：47-52.

[49] 刘玲利. 中国科技资源配置效率变化及其影响因素分析 [J]. 科学学与科学技术管理，2008（7）：41-44.

[50] 刘伟涛，顾鸿，李春洪. 基于德尔菲法的专家评估方法 [J]. 计算机工程，2011（s1）：34-37.

[51] 刘晓娣，周新力，肖金光，张烨. 一种地形条件下电波传播入射余角估计算法 [J]. 电信技术，2015（6）：1211-1213.

[52] 卢慧. 基于 AHP-DEA 的高职院校校企合作伙伴选择研究 [J]. 对外经贸，2013（12）：151-153.

［53］卢云，李晓宾. 四网协同资源配置关键影响因素探讨 ［J］.
互联网天地，2013（7）：48-59.

［54］马晶，战学秋，张旭利. 多层次模糊综合评判法在企业信息
资源配置效率评价中的应用 ［J］. 情报科学，2009（2）：236-238.

［55］马衍庆. 基于机器学习的网络流量识别方法与实现 ［D］. 济
南：山东大学，2014.

［56］马占新. 数据包络分析方法的研究进展 ［J］. 系统工程与电
子技术，2002（3）：13-15.

［57］马子量，郭志仪. 西部地区省域城市化动力机制研究 ［J］.
中国人口·资源与环境，2014（6）：10.

［58］孟慧霞，陈启杰. 系统观视阈下的消费结构升级 ［J］. 上海
财经大学学报，2011（2）：91-96.

［59］南海兰，王湘，钟章队. GSM-R 网络小区覆盖半径的算法研
究 ［J］. 铁道学报，2005（2）：53-56.

［60］彭武元，方齐云. 论自然垄断产业的有效竞争——兼评王俊
豪等学者的观点 ［J］. 华中科技大学学报（社会科学版），2004（2）：
21-25.

［61］齐长健，吕廷杰. 基于 DEA 方法的我国电信产业经济运行效
率研究 ［J］. 北京邮电大学学报（社会科学版），2012（4）：65-70.

［62］钱振华. 基于 DEA 的国家大学科技园创新绩效评价 ［J］. 北
京科技大学学报（社会科学版），2011（6）：86-92.

［63］沈富可，常潘，任肖丽. 基于 BP 神经网络的 P2P 流量识别
研究 ［J］. 计算机应用，2007，27（12）：44-45.

［64］师萍，韩先锋，宋文飞. 我国电信行业相对效率与规模效率
研究 ［J］. 西安邮电学院学报（社会科学版），2010（2）：32-36.

［65］施戍杰. 改革开放三十年我国区域发展模式的选择逻辑——
一个马克思经济学的解释 ［J］. 理论建设，2012（2）：45.

［66］宋亚楠. 基于效用的网络资源分配研究 ［D］. 北京：清华大

学，2013.

[67] 苏泽雄. 基于 DEA 方法的电信运营商营销费用投放效率评估研究 [J]. 运行维护，2014（3）：80-82.

[68] 孙加森. 数据包络分析（DEA）的交叉效率理论方法与应用研究 [D]. 合肥：中国科学技术大学，2014.

[69] 孙金岭. 数据包络分析法的经济背景与应用 [J]. 生产力研究，2012（11）：29-30.

[70] 孙立新. 基于 DEA 的技术创新效率评价研究 [D]. 大连：大连理工大学，2007.

[71] 孙耀吾，苌胜彬. 中国移动通信市场区域发展差异及影响因素研究 [J]. 华东经济管理，2014（5）：47-51，81-84.

[72] 孙莹，鲍新中，刘小军. 基于生产函数和数据包络方法的企业规模效益分析 [J]. 产业经济研究，2011（1）：114-119.

[73] 涂斌. 基于 DEA-Tobit 模型的文化事业财政支出效率的评价 [J]. 统计与决策，2011（12）：75-77.

[74] 王晨奎. 中国电信业生产率及其增长研究 [D]. 长春：吉林大学，2013.

[75] 王花. 黑龙江省国有森林资源配置的影响因素和效率研究 [D]. 哈尔滨：东北林业大学，2014.

[76] 王俊豪. 论有效竞争 [J]. 中南财经大学学报，1995（9）：23-26.

[77] 王舒鸿，汝慧萍，宋马林. 基于 DEA 的物流行业能源效率评价 [J]. 技术与方法，2010（9）：66-68.

[78] 王雪峰. PWLAN 网络的设计及其传播模型校正 [D]. 杭州：浙江工业大学，2005.

[79] 王玉荣. 我国产业有效竞争分析与对策 [D]. 天津：天津财经学院，2002.

[80] 魏耸，金书秦. 农业适度规模经营研究综述与展望 [J]. 农

业展望，2012（4）：29-32.

[81] 魏笑笑. 我国西部地区电信消费需求的主要特点及成因[J].新西部，2008（4）：62-63.

[82] 闻捷，宗培，舒华英. 基于 DEA 的电信运营企业绿色管理绩效评价模型［J］. 北京邮电大学学报（社会科学版），2013（2）：64-71.

[83] 无线传输距离和发射功率以及频率的关系［EB/OL］.http：//www. 360doc. co.

[84] 吴明隆. 结构方程模型：AMOS 的操作和应用（第 2 版）［M］. 重庆：重庆大学出版社，2012.

[85] 吴涛. 论内部资本市场边界与企业边界的区别与联系［J］.企业家天地，2011（3）：35.

[86] 肖清华，汪丁鼎，许光斌. TD-LTE 无线网络规划设计与优化（第一版）［M］. 北京：人民邮电出版社，2013.

[87] 谢曼曼，李秀霞. 基于数据包络分析法的吉林省土地利用生态效率时空演化规律研究［J］. 水土保持通报，2015（6）：225-229.

[88] 谢万弟. 对"双肩挑"企业现状的分析及思考［J］. 中国纺织，1994（2）：27-31.

[89] 谢熠. 湖南电信 CDMA 网络优化人员绩效管理研究［D］. 长沙：湖南大学，2012.

[90] 姚予龙，谷树忠. 资源安全机理及其经济学解释［J］. 资源科学，2002（5）：48-51.

[91] 叶华光. 横向产业集群形成的动力机制研究［J］. 科技和产业，2009（8）：19-24.

[92] 叶炜宇. 中国电信业的有效竞争研究［D］. 杭州：浙江大学，2002.

[93] 叶晓燕. 商品住宅建筑策划方法研究——以资源配置理论为基础［D］. 北京：清华大学，2004.

［94］于良春，高波. 中国银行业规模经济效益与相关产业组织政策［J］. 中国工业经济，2003（3）：40-48.

［95］于良春. 自然垄断行业政府规制理论与政策研究［D］. 长春：吉林大学，2004.

［96］曾召华. GSM 移动通信系统的网络优化理论与实践［J］. 西安科技学院学报，2002（3）：61-63.

［97］张成波. 我国电信市场竞争模式与资源配置效率研究［D］. 长春：吉林大学，2006.

［98］张冲，完颜瑞云，孙炜红，张丹. 中国城镇居民通信消费的影响因素研究［J］. 北京邮电大学学报（社会科学版），2015（2）：36-40.

［99］张冬梅，曾忠禄. 德尔菲法技术预见的缺陷及导因分析——行为经济学分析视角［J］. 情报理论和实践，2009（8）：56-59.

［100］张家萃. 基于 DEA 两阶段法我国商业银行规模经济的实证分析［D］. 重庆：重庆大学，2006.

［101］张捷钧. 通信建设与城市发展的相互影响［J］. 科技与信息，2014（1）：2-3.

［102］张威. GSM 网络优化原理与工程（第1版）［M］. 北京：人民邮电出版社，2003.

［103］张新生. 2012 年中国电信业运营分析［M］. 中国通信年鉴，2012.

［104］张振洲. 市场经济基本知识［J］. 党政干部学刊，1994（11）：42.

［105］赵国峰，吉朝明，徐川. Internet 流量识别技术研究［J］. 小型微型计算机系统，2010，31（8）：1514-1520.

［106］赵筱媛. 企业信息资源配置理论方法与战略规划研究［D］. 长春：吉林大学，2005.

［107］赵旭松，张新程，徐德平，张炎炎. TD-LTE 无线网络规划

及性能分析［J］. 电信工程技术与标准化，2010（11）：22-27.

［108］中国联通集团运行维护部. 中国联通 LTE 无线网络工程优化指导书［Z］. 2013.

［109］周昌福. 重庆 NGC 公司天然气乙炔化工项目决策分析及评价［D］. 重庆：重庆大学，2008.

［110］周双燕，郑循刚. 中国居民消费结构影响因素研究［J］. 消费导刊，2013（3）：31-36.

［111］周五七，武戈. 低碳约束的工业绿色生产率增长及其影响因素实证分析［J］. 中国科技论坛，2014（8）：67-73.

［112］Adler N, Lea F. Zilla S S. Review of ranking methods in the data envelopment analysiscontext［J］. European Journal of Operational Research, 2002, 140: 249-265.

［113］Andersen P, Petersen N C. A procedure for ranking efficient units in data envelopment analysis［J］. Management Science, 1993, 39: 1261-1294.

［114］Auld T, Moore A W, Gull S F, et al. Bayesian neural networks for internet traffic classification［J］. IEEE Transactions on Neural Networks, 2007, 18（1）: 223-239.

［115］Bohlin E, Burgelman J C, Casal C R. The future of mobile communications in the EU［J］. Telematics and Informatics, 2007, 24（3）: 238-242.

［116］Campbell D. Can the digital divide be contained?［J］. International Labour Review, 2001, 140（2）: 119-141.

［117］Chames A, Cooper W W. Preface to topics in data envelopment analysis［J］. Annals of Operations Research, 1985, 2: 59-94.

［118］Chen Y, Du J, Huo J. Super-efficiency based on a modified directional distance function［J］. Omega, 2013, 41: 621-625.

［119］Cook W D, Kress M, Seiford LM. On the use of ordinal data in data envelopment analysis [J]. Journal of the Operational Research Society, 1993, 44: 133-140.

[120] Cook W D, Kress M. A data envelopment model for aggregating preference rankmgs [J]. Management Science, 1990, 36: 1302-1310.

[121] Dyson R G, Thanassoulis E. Reducing weight flexibility in data envelopment analysis [J]. Journal of the Operational Research Society, 1988, 39: 563-576.

[122] Fare R, Grcosskopf S. Nonparametric productivity analysis with undesirable outputs: Comment paraetric malmquist approach [J]. Journal of Productivity Analysis, 1992 (3): 85-101.

[123] Friedman L, Zilla S S. Scaling units via the canonical correlation analysis and the dataenvelopment analysis [J]. European Journal of Operational Research, 1997, 100: 629-637.

[124] Golany B, Roll Y A. Incorporation standards via data envelopment analysis [M], In: Chames A., Cooper W. W., Lewin A. and Seiford L. M. (Eds.), Data envelopment analysis: Theory, method ology and applications. Kluwer Academic Publishers, Norwell, 1994.

[125] Hashimoto A. A ranked voting system using a DEA/AR exclusion model: A note [J]. European Journal of Operational Research, 1997, 97: 600-604.

[126] Schulzrinne H, Casner S, Frederick R, et al. RTP: A Transport Protocol for Real-Time Applications [J]. Rfc, 1995, 2 (2): 459-482.

[127] Jahanshahloo G R, Hosseinzadeh Lotfi F, Jafari Y, Maddahi R. Selecting symmetric weightsas a secondary goal in DEA cross-efficiency evaluation [J]. Applied Mathematical Modelling, 2011, 35: 544-549.

[128] Jahanshahloo G R, Junior H V, Lotfi F H, Akbarian D. A new DEA ranking system based onchanging the reference set [J]. European Journ al of Operational Research, 2007, 181: 331-337.

[129] Jahanshahloo G R, Memariani A, Lotfi F H, Rezai H Z. A note on some of DEA models andfinding efficiency and complete ranking using common set of weights [J]. Applied Mathematics and Computation, 2005, 166: 265-281.

[130] Kennedy J, Eberhart R C. Particle swarm optimization [C] // Proceedings of IEEE International Conference on Neural Networks, 1995: 1942-1948.

[131] Karagiannis T, Broido A, Faloutsos M, et al. Transport layer identification of P2P traffic [C]. Internet Measurement Conference, 2004: 121-134.

[132] Karagiannis T, Papagiannaki K, Faloutsos M, et al. BLINC: Multilevel traffic classification in the dark [J]. Acm Special Interest Group on Data Communication, 2005, 35 (4): 229-240.

[133] HornikK M, Stinchcombe M, White H. Multilayer feed forward networks are universal approximators [J]. Neural Networks, 1989, 2 (2): 359-366.

[134] Liu F H F, Hsuan Peng H. Ranking of units on the DEA frontier with common weights [J]. Computers and Operations Research, 2008, 35: 1624-1637.

[135] Lotfi F H, Jahanshahloo G R, Khodabakhshi M, Malkhlifeh M R, Moghaddas Z, Ghasemi M V. A review of ranking models in data envelopment analysis [J]. Journal of Applied Mathematics, 2013 (6): 1-20.

[136] Madhukar A, Williamson C L A Longitudinal Study of P2P Traffic Classification [C] // 14th International Symposium on Modeling, Analysis, and Simulation of Computer and Telecommunication Systems (MASCOTS 2006), 11 - 14 September 2006, Monterey, California, USA. IEEE, 2006.

[137] Mehrabian S, Alirezaee M R, Jahanshahloo G R. A complete

efficiency ranking of decision making units in data envelopment analysis [J]. Computational Optimization and Applications, 1999, 14: 261-266.

[138] Moore A W , Papagiannaki K. Toward the accurate identification of network applications [C] // Passive and Active Network Measurement, 6th International Workshop, PAM 2005, Boston, MA, USA, March 31 - April 1, 2005, Proceedings. Springer-Verlag, 2005.

[139] Nam C, Kim, S, Lee H, Duan, B, et al. Evaluating the marketpotential for mobile service in Chinese provinces [J].Telecommunications Review, 2008 (18): 833 - 842.

[140] Pastor J T, Lovel C A K. Aglobal malmquist productivity index [J].Ecnomics Letters, 2005 (88): 266-271.

[141] Seiford L M, Zhu J. Infeasibility of super-efficiency data envelopment analysis models [J]. INFOR, 1999, 37: 174-187.

[142] Sen S, Spatscheck O, Wang D. Accurate, Scalable In-Network Identification of P2P Traffic [C] // International Conference on World Wide Web, 2004.

[143] Sen S, Wang Jia. Analyzing Peer-to-Peer traffic across large networks [J]. IEEE/ACM Transactions on Networking, 2004, 12 (2): 219-232.

[144] Sexton T R, Silkman R H, Hogan A J. Data envelopment analysis: Critique and extensions. In: Silkman RH. (Ed.), Measuring Efficiency: An Assessment of Data Envelopment Analysis [M]. Jossey-Bass, San Francisco, 1986, 32: 73-105.

[145] Sinuany-Stem Z, Friedman L. Data envelopment analysis and the discriminant analysis ofratios for ranking units [J]. European Journal of Operational Research, 1998, 111: 470-478.

[146] Sinuany-Stem Z, Mehrez A, Barboy A. Academic departments efficiency via dataenvelopment analysis [J]. Computers and Operations Re-

search, 1994, 21: 543-556.

[147] Stewart L, Armitage G, Branch P, et al. An architecture for automated network control of QoS over consumer broadband links [C] // IEEE International Region 10 Conference (TENCON 05), 2005: 1-6.

[148] Sueyoshi T. Data envelopment analysis non-parametric ranking test and index measurement: Slack-adjusted DEA and an application to Japanese agriculture cooperatives [J]. Omega, 1999, 27: 315-326.

[149] Sugawara H M, MacCallum R C. Effect of estimation method on increamental fit indexes for covariance structure models [J]. Applied Psychological Measurement, 1993, 17: 365-377.

[150] Sun J S, Wu J, Guo D. Performance ranking of units considering ideal and anti-ideal DMUwith common weights [J]. Applied Mathematical Modelling, 2013, 37: 6301-6310.

[151] Thompson R G, Singleton F D, Thrall RM, Smith BA. Comparative site evaluations forlocating a high eneiy physics lab in Texas [J]. Interfaces, 1986, 16: 35-49.

[152] Thrall R M. Duality, classification and slacks in data envelopment analysis [J]. Annals of Operations Research, 1996, 66: 109-138.

[153] Tone K slacks - based measure of efficiency in data envelopment analysis [J]. European Journal of Operational Research, 2001, 130 (3): 498-509.

[154] Torgersen A M, Forsund F R, Kittelsen SAC. Slack-adjusted efficiency measures and rankingof efficient units [J]. Journal of Productivity Analysis, 1996, 7: 379-398.

[155] Nguyen T, Armitage G. A survey of Techniques for internet traffic classification using machine learning [J]. IEEE Communications Surveys & Tutorials, 2008, 10 (4): 56-76.

［156］ Wang Y M, Luo Y, Hua Z. Aggregating preference rankings using OWA operator weights ［J］. Information Sciences, 2007, 177: 3356-3363.

［157］ Zhu J. Robustness of the efficient decision making units in data envelopment analysis ［J］. European Journal of Operational Research, 1996, 90: 451-460.